Makramee für Anfänger

Bringen Sie mit Pflanzenaufhängern, Wandbehängen und anderen stilvollen Projekten, Boho-Chic in Ihr Haus und Ihren Garten – Inkl. Schritt für Schritt Anleitungen mit Fotos

Molly Allen

Sie erklären sich damit einverstanden, dass Sie, wenn Sie dieses Buch gegebenenfalls und / oder weiter lesen, einen Fachmann konsultieren (einschließlich, aber nicht beschränkt auf Ihren Arzt, Anwalt oder Finanzberater oder einen anderen Berater, falls erforderlich), bevor Sie eines der vorgeschlagenen Mittel, Techniken oder Informationen in diesem Buch anwenden.

Inhaltsübersicht

Einführung

Makramee ist eine Form der textilen Bekleidung, die nicht mit der typischen Methode des Webens oder Strickens, sondern mit Hilfe einer Kette von Knoten hergestellt wird. Es wird angenommen, dass es im dreizehnten Jahrhundert in der westlichen Hemisphäre mit arabischen Webern begann. Sie knüpften überschüssige Fäden und Garn an den Enden von handgewebten Stoffen für Tücher, Schals und Tücher auf dekorative Enden.

Makramee-Materialien

Makramee-Stylisten verwenden verschiedene Arten von Materialien. Die Materialien können in zwei Hauptrichtungen klassifiziert werden; die natürlichen Materialien und die synthetischen Materialien.

Natürliche Materialien

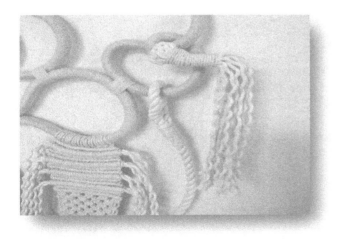

Die Eigenschaften natürlicher Materialien unterscheiden sich von denen synthetischer Materialien, und die Kenntnis dieser Eigenschaften würde Ihnen helfen, sie besser zu nutzen. Zu den heute existierenden natürlichen Schnurmaterialien gehören Jute, Hanf, Leder, Baumwolle, Seide und Flachs. Es gibt auch Garne, die aus Naturfasern hergestellt werden. Fasern aus natürlichen Materialien werden aus Pflanzen und Tieren hergestellt.

Synthetische Materialien

Wie natürliche Materialien werden auch synthetische Materialien in Makramee-Projekten verwendet. Die Fasern von synthetischen Materialien werden durch chemische Prozesse hergestellt. Die wichtigsten sind Nylon-Perlenschnur, Olefin, Satinkordel und Fallschirmschnur.

Kordelmessung

Bevor Sie ein Makramee-Projekt in Angriff nehmen können, ist es wichtig, dass Sie die Menge der benötigten Schnur bestimmen. Dazu gehört, dass Sie die Länge der benötigten Schnur und die Gesamtzahl der Materialien, die Sie kaufen müssen, kennen.

Ausrüstung: Zum Messen benötigen Sie ein Papier zum Schreiben, einen Bleistift, ein Maßband und einen Taschenrechner. Außerdem benötigen Sie einige Grundkenntnisse über die Umrechnung von Einheiten, wie unten beschrieben:

- 1 Zoll = 25,4Millimeer = 2,54 Zentimeter

- 1 Fuß = 12 Zoll

- 1 Yard = 3 Fuß = 36 Zoll

- 1 Yard = 0,9 Meter

Hinweis: Der Umfang eines Rings = 3,14 * Durchmesser, gemessen über den Ring

Messen der Breite

Als erstes müssen Sie die fertige Breite des breitesten Bereichs Ihres Projekts bestimmen. Sobald Sie diese Breite haben, notieren Sie sie mit Bleistift.

Als nächstes bestimmen Sie die tatsächliche Größe des Materials, indem Sie die Breite von Kante zu Kante messen.

Mit der Kenntnis des Knotenmusters können Sie dann fortfahren, die Art des Knotenmusters zu bestimmen, das Sie verwenden möchten. Sie müssen die Breite und die Abstände (falls erforderlich) der einzelnen Knoten kennen. Sie sollten auch bestimmen, ob Sie mehr Kordeln hinzufügen möchten, um einen Bereich zu verbreitern, oder ob Sie zusätzliche Kordeln für Dämpfungen benötigen würden.

Berechnen und bestimmen Sie mit der oben angegebenen Formel den Umfang des Rings Ihrer Designs.

Bestimmen Sie die zu verwendende Befestigungstechnik. Die Schnur kann an einem Dübel, einem Ring oder einer anderen Schnur befestigt werden. Gefaltete Kordeln beeinflussen sowohl die Länge als auch die Breite der Kordelmessung.

Kordelvorbereitung

Die Vorbereitung der Kordeln und ihre Vorbereitung für die Verwendung in Makramee-Projekten ist eine der wichtigsten Säulen der Makramee-Kunst, auch wenn sie normalerweise selten betont wird. Manchmal müssen spezielle Prozesse wie die Konditionierung und Versteifung der Schnüre durchgeführt werden, bevor mit Macramé-Projekten begonnen werden kann. Im Allgemeinen geht es bei der Kordelvorbereitung im Macramé jedoch hauptsächlich darum, mit abgeschnittenen Enden umzugehen und zu verhindern, dass sich diese Enden im Laufe des Projekts auflösen. Im Laufe eines Projekts kann es durch ständiges Hantieren mit dem Material zu einer Verformung der Enden kommen, was fatale Folgen für Ihr Projekt haben kann. Wenn Sie spezielle Arten von Kordeln, wie z. B. solche, die durch das Verdrillen einzelner Stränge hergestellt wurden, vor Beginn Ihres Projekts nicht entsprechend vorbereiten, kann sich die Kordel vollständig lösen und Ihr Projekt zerstören.

Daher ist die Kordelvorbereitung extrem und unvergleichlich wichtig für das Gelingen eines jeden Makramee-Projekts. Die Vorbereitung jeder Kordel sollte während des ersten Schritts der Herstellung eines jeden Knotens erfolgen, also dem Schritt, bei dem Sie die gewünschte Länge der Kordel aus dem größeren Stück abschneiden.

Zur Konditionierung der Kordel empfehlen Experten, die Kordel mit Bienenwachs einzureiben. Um Ihre Kordel zu konditionieren, nehmen Sie einfach ein wenig Bienenwachs, lassen es in Ihren Händen etwas warm werden und reiben es entlang der Kordel. So verhindern Sie, dass sich Ihre Kordel unerwünscht stark kräuselt. Beachten Sie, dass Bienenwachs sowohl auf natürlichen als auch auf synthetischen Materialien angewendet werden kann. Bei synthetischen Materialien müssen jedoch nur Satin- und feine Nylon-Perlenkordeln tatsächlich zwingend konditioniert werden. Prüfen Sie Ihre Kordeln nach der Aufbereitung auf eventuelle Mängel und entsorgen Sie unbrauchbare Stücke, um die Perfektion Ihres Projekts zu gewährleisten. Nach der Konditionierung folgt der eigentliche Prozess der Kordelvorbereitung. Kordeln können mit Hilfe einer Flamme, eines Knotens, Klebeband und Kleber vorbereitet werden (d. h. die Enden können vor dem Ausfransen geschützt werden).

Um ein Ausfransen der Kordel mit einer Flamme zu verhindern, testen Sie zunächst ein kleines Stück des Materials mit der Flamme eines kleinen Feuerzeugs. Das Material muss schmelzen, nicht brennen. Wenn es brennt, ist eine solche Kordel nicht für die Flammenvorbereitung geeignet. Zur Vorbereitung mit einer Flamme halten Sie die Kordel einfach 2 bis 5 Sekunden an die Spitze der Flamme, achten Sie darauf, dass sich die Kordel nicht entzündet, sondern schmilzt. Die Flammenvorbereitung ist für Kordeln aus Olefin, Polyester und Nylon geeignet, für die Vorbereitung von Fallschirmkordeln ist das Verfahren obligatorisch.

Das Binden von Knoten am Ende der Schnur ist eine weitere effektive Methode, um ein Ausfransen zu verhindern. Der Überhandknoten ist ein absoluter Favorit, aber auch Knoten wie der 8er-Knoten, der sich am besten für flexible Schnüre eignet, können verwendet werden, wenn Sie denken, dass der Knoten an einem bestimmten Punkt Ihres Projekts wieder gelöst werden muss. Der Stevedore-Knoten kann verwendet werden, um ein Ausfransen zu verhindern, wenn Sie rutschige Materialien verwenden.

Kleber ist eine weitere unschätzbare Alternative, mit der Sie das Ausfransen an den Enden von Kordeln wirksam verhindern können. Allerdings dürfen nicht alle Arten von Klebstoff bei der Kordelvorbereitung verwendet werden. Nur bestimmte Marken, wie z. B. Aleen's Stop Fray, dürfen bei der Schnurvorbereitung verwendet werden. Haushaltskleber kann auch verwendet werden, aber nur, wenn er mit Wasser verdünnt wird. Um Ihre Kordel vorzubereiten, reiben Sie den Kleber einfach auf die Enden des Materials und lassen ihn trocknen. Wenn Sie beabsichtigen, Perlen über das geklebte Ende zu ziehen, rollen Sie das Ende der Kordel zwischen den Fingern, damit es beim Trocknen schmaler wird. Als Alternative zum Kleber kann auch Nagellack verwendet werden.

Klebeband ist ebenfalls eine zuverlässige Methode, um Ihre Kordeln vorzubereiten. Wickeln Sie das Klebeband einfach um das Ende der Kordel an der Stelle, an der Sie ein Ausfransen des Materials verhindern möchten. Achten Sie darauf, dass das Ende der Kordel schmal bleibt, indem Sie es zwischen Ihren Fingern zusammendrücken. Es ist ratsam, Abdeckband oder Zellophanband für Ihre Vorbereitungen zu verwenden.

Eine spezielle Klasse von Makramee-Kordeln, die so genannte Fallschirmkordel, erfordert eine besondere Form der Vorbereitung. Fallschirmkordeln bestehen aus mehreren Kerngarnen, die von einer geflochtenen Hülle umgeben sind. Um eine Fallschirmschnur (auch Paracord genannt) vorzubereiten, ziehen Sie die Kernfäden aus dem Mantel und legen die Fäden etwa einen halben Zentimeter frei. Schneiden Sie nun die Kernfäden zurück, so dass sie mit der äußeren Hülse bündig sind, und schieben Sie dann die Hülse nach vorne, bis die Fäden unsichtbar werden. Um die Vorbereitung abzuschließen, beflammen Sie die äußere Hülse, bis sie schmilzt, und drücken Sie dann den Griff Ihres Feuerzeugs auf die Hülse, während sie noch warm ist, um den Bereich zu glätten und zu verschließen. Der geschmolzene Bereich wird dunkler und plastischer aussehen als der Rest des Materials.

Finishing-Techniken

Finishing-Techniken beziehen sich auf die Methoden, mit denen die Enden von Schnüren nach der Erstellung von Knoten bearbeitet werden können, um ein ordentliches Projekt zu erhalten. Finishing wird oft als Abbinden bezeichnet. Es gibt mehrere Finishing-Knoten, die äußerst effektive Methoden für die Ausführung von Finishing-Prozessen sind. Zu den zuverlässigen Abschlussknoten gehören der Überhandknoten und der Laufknoten, die beide in diesem Buch ausführlich erklärt werden.

Auch Falttechniken sind verlässliche Veredelungstechniken. Bei flexiblen Materialien wie Baumwolle brauchen Sie nur die Enden flach gegen die Rückseite zu falten und die Enden mit Kleber zu fixieren. Bei weniger flexiblen Materialien falten Sie die Kordeln nach hinten, führen sie dann unter einer Schlaufe aus einem oder mehreren Knoten hindurch und tragen dann Kleber auf, lassen ihn trocknen und schneiden überschüssiges Material ab.

Zum Schluss können Sie mit Hilfe von Fransen den Abschluss machen. Sie können zwischen einer gebürsteten Franse und einer Perlenfranse wählen.

Kapitel 1: Makramee-Muster

Abwechselnd quadratische Knoten

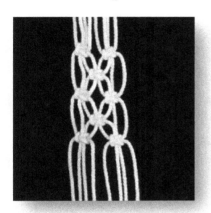

Dies ist der perfekte Knoten für Korbaufhängungen, Dekorationen oder andere Projekte, bei denen Sie das Projekt mit Gewicht belasten müssen. Verwenden Sie dafür eine schwerere Kordel, die Sie in Bastelläden oder online finden können.

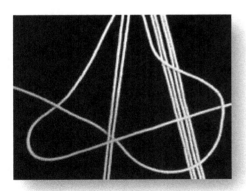

Beobachten Sie die Fotos sehr sorgfältig, während Sie mit diesem Projekt vorankommen, und nehmen Sie sich Zeit, um sicherzustellen, dass Sie die richtige Schnur an der richtigen Stelle des Projekts verwenden.

Überstürzen Sie nichts und stellen Sie sicher, dass Sie eine gleichmäßige Spannung haben. Übung macht den Meister, aber mit den Illustrationen, die Ihnen helfen, werden Sie feststellen, dass es gar nicht so schwer ist, dieses Projekt zu erstellen.

Beginnen Sie am oberen Rand des Projekts und arbeiten Sie sich nach unten vor. Arbeiten Sie sich gleichmäßig durch das Stück. Knüpfen Sie die Knoten in Abständen von 5 cm und arbeiten Sie sich durch das ganze Stück.

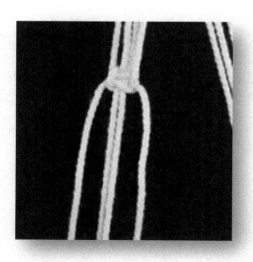

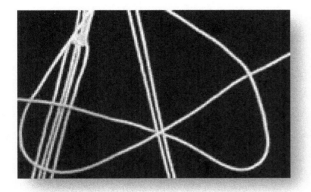

Binden Sie jeden neuen Knoten sicher. Denken Sie daran: Je gleichmäßiger Sie werden, desto besser ist es.

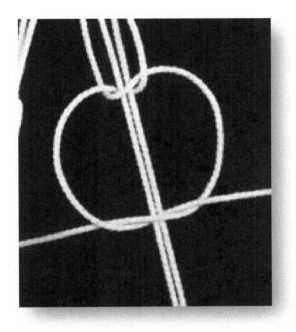

Arbeiten Sie zuerst an einer Seite des Stücks, dann knüpfen Sie den Knoten auf der anderen Seite. Sie werden weiterhin abwechselnd an den Seiten arbeiten, wobei ein Knoten sie in der Mitte verbindet, wie Sie auf dem Foto sehen können.

Halten Sie auch hier die Arbeit gleichmäßig.

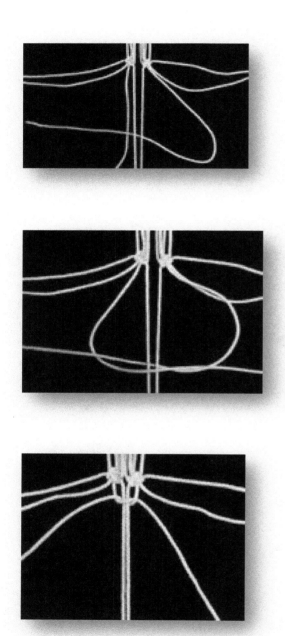

Bringen Sie den Knoten zur Mitte hin und achten Sie darauf, dass die Länge auf beiden Seiten des Stücks gleich ist.

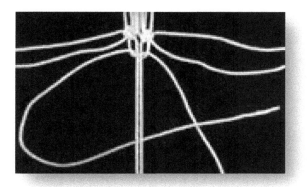

Ziehen Sie diese sicher bis zur Mitte der Schnur und gehen Sie dann zu dem Teil auf der Schnur über.

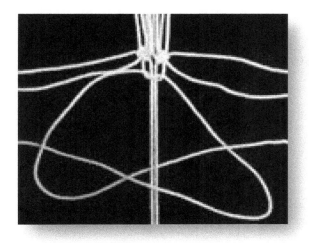

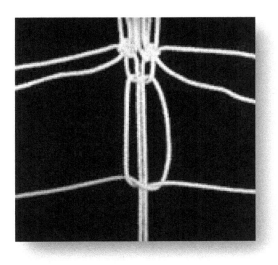

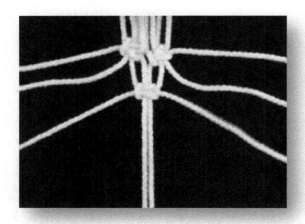

Sie sammeln die Kordel auf einer Seite für die Knotenreihe und gehen dann zurück zur anderen Seite des Stücks, um eine weitere Knotenreihe auf der anderen Seite zu arbeiten.

Arbeiten Sie dies gleichmäßig und kehren Sie dann zur Mitte zurück.

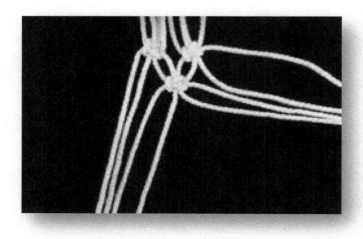

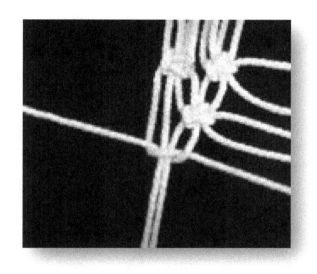

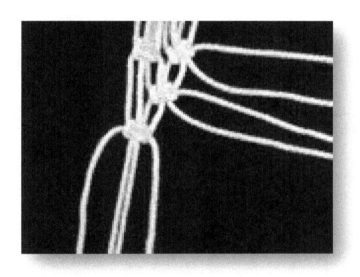

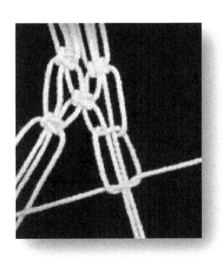

Es ist eine Frage der Reihenfolge. Arbeiten Sie an der einen Seite, dann gehen Sie zurück zum Anfang, dann noch einmal zur anderen Seite. Fahren Sie so lange fort, wie Ihre Schnüre sind, oder so lange, wie Sie für das Projekt benötigen.

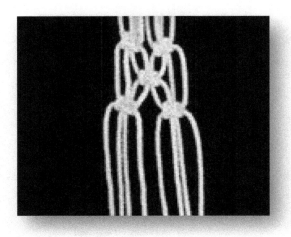

Für das fertige Projekt, stellen Sie sicher, dass Sie alle Ihre Knoten sicher und fest durch, und tun Sie Ihr Bestes, um sicherzustellen, dass es alle gleichmäßig ist. Es wird einige Zeit dauern, bis Sie es jedes Mal perfekt hinbekommen, aber denken Sie daran, dass Übung den Meister macht, und mit der Zeit werden Sie es ohne allzu große Probleme hinbekommen.

Stellen Sie sicher, dass alles gleichmäßig und sicher ist, und binden Sie es ab. Schneiden Sie alle losen Enden ab, und Sie sind bereit zu gehen!

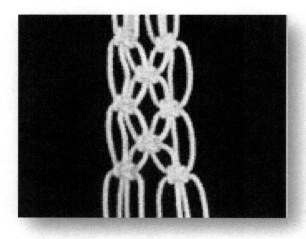

Kapuzinerknoten

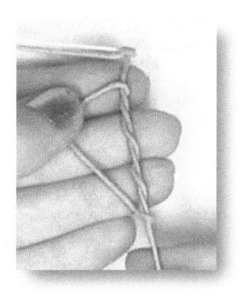

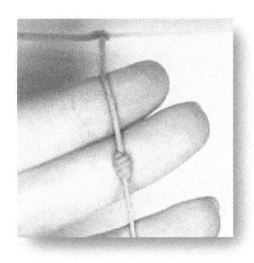

Dies ist ein großartiger Anfangsknoten für jedes Projekt und kann als Grundlage für die Basis des Projekts verwendet werden. Verwenden Sie dafür leichte Kordel - diese können Sie in Bastelläden oder online kaufen, wo auch immer Sie Ihr Makramee-Zubehör erhalten.

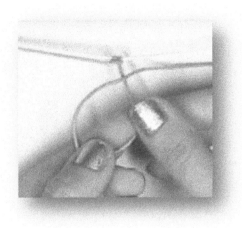

Beobachten Sie die Fotos sehr sorgfältig, während Sie mit diesem Projekt vorankommen, und nehmen Sie sich Zeit, um sicherzustellen, dass Sie die richtige Schnur an der richtigen Stelle des Projekts verwenden.

Überstürzen Sie nichts und stellen Sie sicher, dass Sie eine gleichmäßige Spannung haben. Übung macht den Meister, aber mit den Illustrationen, die Ihnen helfen, werden Sie feststellen, dass es gar nicht so schwer ist, dieses Projekt zu erstellen.

Beginnen Sie mit der Grundschnur, knüpfen Sie den Knoten an diese und arbeiten Sie sich entlang des Projekts vor.

Drehen Sie die Schnur 2 Mal um sich selbst und ziehen Sie die Schnur durch die Mitte, um den Knoten zu bilden.

Achten Sie beim fertigen Projekt darauf, dass alle Knoten sicher und fest sitzen, und tun Sie Ihr Bestes, um sicherzustellen, dass alles gleichmäßig ist. Es wird einige Zeit dauern, bis Sie es jedes Mal perfekt hinbekommen, aber denken Sie daran, dass Übung den Meister macht, und mit der Zeit werden Sie es ohne allzu große Probleme hinbekommen.

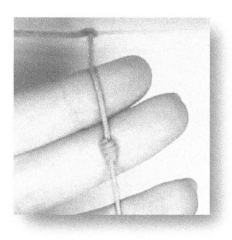

Stellen Sie sicher, dass alles gleichmäßig und sicher ist, und binden Sie es ab. Schneiden Sie alle losen Enden ab, und schon können Sie loslegen!

Kronen-Knoten

Dies ist ein großartiger Anfangsknoten für jedes Projekt und kann als Grundlage für die Basis des Projekts verwendet werden. Verwenden Sie dafür leichte Kordel - sie kann in Bastelläden oder online gekauft werden, wo auch immer Sie Ihr Makramee-Zubehör bekommen.

Beobachten Sie die Fotos sehr genau, während Sie mit diesem Projekt vorankommen, und nehmen Sie sich Zeit, um sicherzustellen, dass Sie die richtige Schnur an der richtigen Stelle des Projekts verwenden.

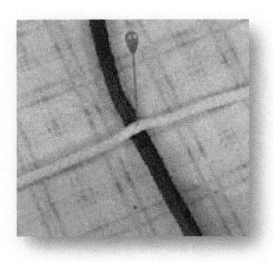

Überstürzen Sie nichts, und achten Sie auf eine gleichmäßige Spannung. Übung macht den Meister, aber mit den Illustrationen, die Ihnen helfen, werden Sie feststellen, dass es überhaupt nicht schwer zu schaffen ist.

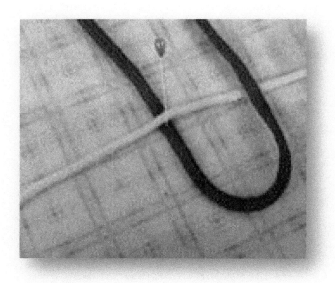

Verwenden Sie eine Stecknadel, um alles an seinem Platz zu halten, während Sie arbeiten.

Weben Sie die Fäden ineinander und aus einander, wie Sie auf den Fotos sehen können. Es ist hilfreich, mit verschiedenen Farben zu üben, damit Sie besser sehen können, was vor sich geht.

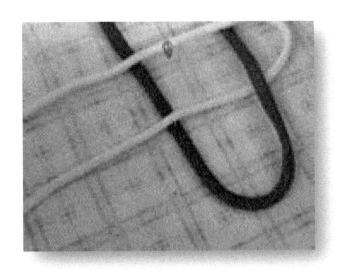

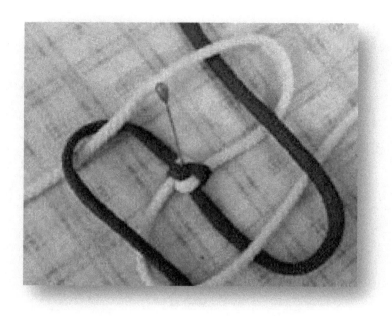

Ziehen Sie den Knoten fest, und wiederholen Sie den Vorgang für die Reihe auf der Außenseite.

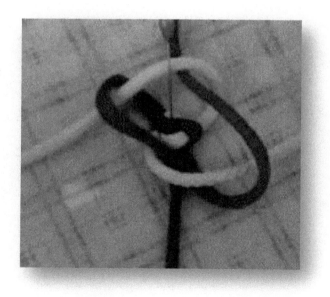

Fahren Sie so oft fort, wie Sie möchten, um den Knoten zu erstellen. Sie können ihn je nach Projekt so dick wie gewünscht machen. Sie können auch mehr als eine Länge auf derselben Kordel erstellen.

Für das fertige Projekt, stellen Sie sicher, dass Sie alle Ihre Knoten sicher und fest durch, und tun Sie Ihr Bestes, um sicherzustellen, dass es alle gleichmäßig ist. Es wird einige Zeit dauern, bis Sie es jedes Mal perfekt hinbekommen, aber denken Sie daran, dass Übung den Meister macht, und mit der Zeit werden Sie es ohne allzu große Probleme hinbekommen.

Stellen Sie sicher, dass alles gleichmäßig und sicher ist, und binden Sie es ab. Schneiden Sie alle losen Enden ab, und Sie sind bereit zu gehen!

Diagonaler doppelter Halbknoten

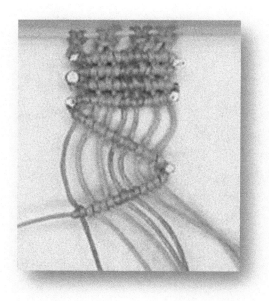

Dies ist der perfekte Knoten für Korbaufhängungen, Dekorationen oder andere Projekte, bei denen Sie das Projekt mit Gewicht belasten müssen. Verwenden Sie dafür eine schwerere Kordel, die Sie in Bastelläden oder online finden können.

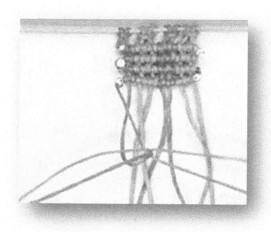

Beobachten Sie die Fotos sehr sorgfältig, während Sie mit diesem Projekt vorankommen, und nehmen Sie sich Zeit, um sicherzustellen, dass Sie die richtige Schnur an der richtigen Stelle des Projekts verwenden.

Überstürzen Sie nichts und stellen Sie sicher, dass Sie eine gleichmäßige Spannung haben. Übung macht den Meister, aber mit den Illustrationen, die Ihnen helfen, werden Sie feststellen, dass es gar nicht so schwer ist, dieses Projekt zu erstellen.

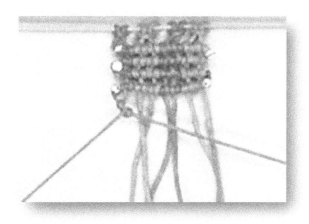

Beginnen Sie am oberen Rand des Projekts und arbeiten Sie sich nach unten vor. Arbeiten Sie sich gleichmäßig durch das Stück. Knüpfen Sie die Knoten in Abständen von 5 cm und arbeiten Sie sich durch das ganze Stück.

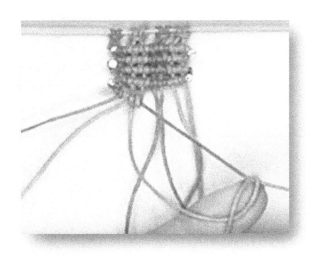

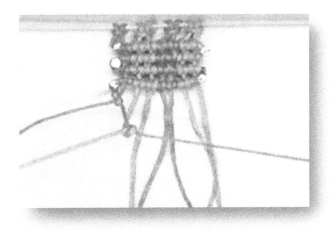

Weben Sie durchgehend ein und aus und achten Sie dabei auf die richtige Platzierung der Knoten, wie auf dem Foto zu sehen ist. Auch hier hilft es, mit verschiedenen Farben zu üben, damit Sie sehen können, was Sie im gesamten Stück tun müssen.

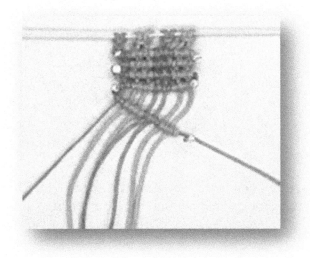

Für das fertige Projekt, stellen Sie sicher, dass Sie alle Ihre Knoten sicher und fest durch, und tun Sie Ihr Bestes, um sicherzustellen, dass es alle gleichmäßig ist. Es wird einige Zeit dauern, bis Sie es jedes Mal perfekt hinbekommen, aber denken Sie daran, dass Übung den Meister macht, und mit der Zeit werden Sie es ohne allzu große Probleme hinbekommen.

Stellen Sie sicher, dass alles gleichmäßig und sicher ist, und binden Sie es ab. Schneiden Sie alle losen Enden ab, und Sie sind bereit zu gehen!

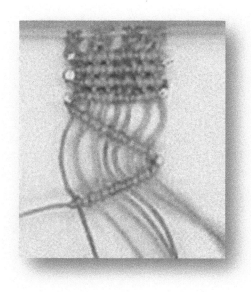

Frivoler Knoten

Dies ist ein großartiger Anfangsknoten für jedes Projekt und kann als Grundlage für die Basis des Projekts verwendet werden. Verwenden Sie dafür leichte Kordel - diese können Sie in Bastelläden oder online kaufen, wo auch immer Sie Ihr Makramee-Zubehör erhalten.

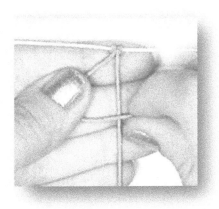

Beobachten Sie die Fotos sehr sorgfältig, während Sie mit diesem Projekt vorankommen, und nehmen Sie sich Zeit, um sicherzustellen, dass Sie die richtige Schnur an der richtigen Stelle des Projekts verwenden.

Überstürzen Sie nichts und stellen Sie sicher, dass Sie eine gleichmäßige Spannung haben. Übung macht den Meister, aber mit den Illustrationen, die Ihnen helfen, werden Sie feststellen, dass es gar nicht so schwer ist, dieses Projekt zu erstellen.

Verwenden Sie die Grundschnur als Führung, um sie in Position zu halten, und knüpfen Sie dann den Knoten an diese. Dies ist ein sehr einfacher Knoten; sehen Sie sich das Foto an und folgen Sie den Anweisungen, die Sie sehen.

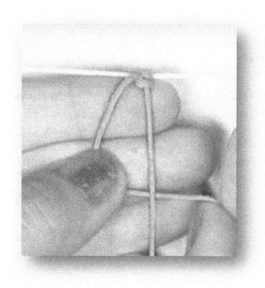

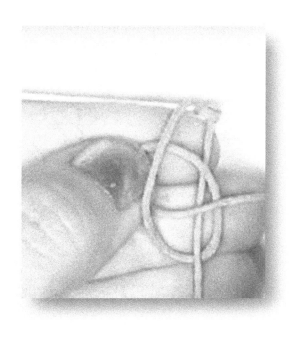

Ziehen Sie das Ende der Schnur nach oben und durch die Mitte.

Für das fertige Projekt, stellen Sie sicher, dass Sie alle Ihre Knoten sicher und fest durch, und tun Sie Ihr Bestes, um sicherzustellen, dass es alle gleichmäßig ist. Es wird einige Zeit dauern, bis Sie es jedes Mal perfekt hinbekommen, aber denken Sie daran, dass Übung den Meister macht, und mit der Zeit werden Sie es ohne allzu große Probleme hinbekommen.

Stellen Sie sicher, dass alles gleichmäßig und sicher ist, und binden Sie es ab. Schneiden Sie alle losen Enden ab, und schon können Sie loslegen!

Horizontaler doppelter Halbknoten

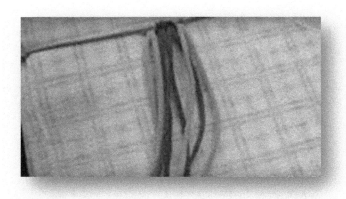

Dies ist ein großartiger Anfangsknoten für jedes Projekt und kann als Grundlage für die Basis des Projekts verwendet werden. Verwenden Sie dafür leichte Kordel - diese können Sie in Bastelläden oder online kaufen, wo auch immer Sie Ihr Makramee-Zubehör erhalten.

Beobachten Sie die Fotos sehr sorgfältig, während Sie mit diesem Projekt vorankommen, und nehmen Sie sich Zeit, um sicherzustellen, dass Sie die richtige Schnur an der richtigen Stelle des Projekts verwenden.

Überstürzen Sie nichts und stellen Sie sicher, dass Sie eine gleichmäßige Spannung haben. Übung macht den Meister, aber mit den Illustrationen zur Hilfe werden Sie feststellen, dass es gar nicht so schwer ist, dieses Projekt zu erstellen.

Beginnen Sie am oberen Rand des Projekts und arbeiten Sie sich nach unten vor. Halten Sie die Spannung gleichmäßig, während Sie sich durch das ganze Stück arbeiten. Binden Sie die Knoten

in Abständen von 5 cm und arbeiten Sie sich durch das ganze Ding.

Für das fertige Projekt, stellen Sie sicher, dass Sie alle Ihre Knoten sicher und fest durch, und tun Sie Ihr Bestes, um sicherzustellen, dass es alle gleichmäßig ist. Es wird einige Zeit dauern, bis Sie es jedes Mal perfekt hinbekommen, aber denken Sie daran, dass Übung den Meister macht, und mit der Zeit werden Sie es ohne allzu große Probleme hinbekommen.

Stellen Sie sicher, dass alles gleichmäßig und sicher ist, und binden Sie es ab. Schneiden Sie alle losen Enden ab, und schon können Sie loslegen!

Josephine-Knoten

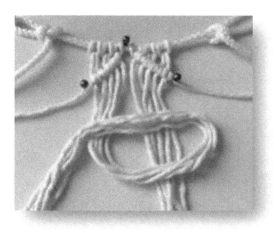

Dies ist der perfekte Knoten für Korbaufhängungen, Dekorationen oder andere Projekte, bei denen Sie das Projekt mit Gewicht belasten müssen. Verwenden Sie dafür eine schwerere Kordel, die Sie in Bastelläden oder online finden können.

Beobachten Sie die Fotos sehr genau, während Sie mit diesem Projekt vorankommen, und nehmen Sie sich Zeit, um sicherzustellen, dass Sie die richtige Schnur an der richtigen Stelle des Projekts verwenden.

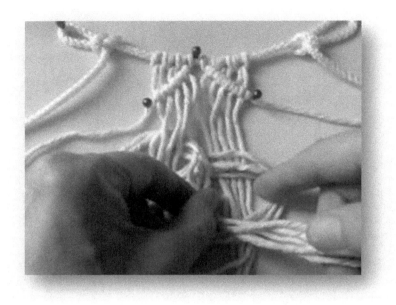

Überstürzen Sie nichts, und achten Sie auf eine gleichmäßige Spannung. Übung macht den Meister, aber mit den Illustrationen zur Hilfe, werden Sie feststellen, dass es überhaupt nicht schwer zu schaffen ist.

Verwenden Sie die Stecknadeln zusammen mit den Knoten, die Sie knüpfen, und arbeiten Sie an größeren Bereichen gleichzeitig. Dies wird Ihnen helfen, das Projekt an Ort und Stelle zu halten, während Sie im ganzen Stück weiterarbeiten.

Ziehen Sie die Enden der Knoten durch die Schlaufen und bilden Sie den Ring in der Mitte der Schnüre.

Vergewissern Sie sich beim fertigen Projekt, dass alle Knoten sicher und fest sitzen, und tun Sie Ihr Bestes, um sicherzustellen, dass alles gleichmäßig ist. Es wird einige Zeit dauern, bis Sie es jedes Mal perfekt hinbekommen, aber denken Sie daran, dass Übung den Meister macht, und mit der Zeit werden Sie es ohne allzu große Probleme hinbekommen.

Stellen Sie sicher, dass alles gleichmäßig und sicher ist, und binden Sie es ab. Schneiden Sie alle losen Enden ab, und schon können Sie loslegen!

Kapitel 2: Projekte

DIY Makramee-Federn

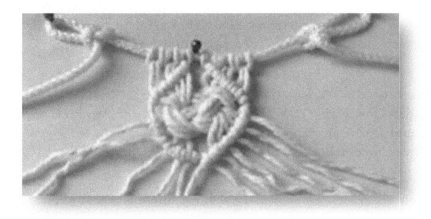

Wunderschöne, wispy Makramee-Federn verstopften meine Social-Media-Seiten so spät wie möglich, aber ich bin nicht verrückt nach ihnen. Sie sind unglaublich schön, und ich habe sie auf jeden Fall gekauft, also musste ich ein Lesezeichen setzen, um sie im Kinderzimmer aufzuhängen. Aber ich war natürlich auch neugierig, wie sie gemacht wurden. Wie erreicht man denn diese perfekt weichen Fransen? Dazu gehört eine Katzenbürste. Damit ist genug gesagt. Aber ganz ehrlich, es gibt hier unendlich viele Möglichkeiten, und ich konnte es kaum erwarten, mehr mit dieser Technik zu spielen. Aber ich hoffe, ich kann Sie in der Zwischenzeit dazu inspirieren, diese zu Hause nachzumachen.

Schnitt für eine mittelgroße Feder:

- 1 32" Stränge um den Rücken

- 10-12 14"-Strähnen um die Spitze

- 8-10 12"-Strähnen um die Mitte

- 6-8 10"-Strähnen um den Boden herum

Falten Sie den 32"-Strang in der Hälfte. Wählen Sie einen der 14"-Stränge, falten Sie ihn in der Hälfte und stecken Sie ihn unter den Rücken. Nehmen Sie den nächsten 14"-Strang, falten Sie ihn in der Hälfte und befestigen Sie ihn an der oberen horizontalen Strangschlaufe. Ziehen Sie diesen durch und legen Sie ihn waagerecht über den gegenüberliegenden Strang. Ziehen Sie nun die untere Litze bis zum Anschlag durch die obere Schlaufe. Ziehen Sie beide Enden des Spektrums straff. In der nächsten Reihe wechseln Sie die Ausgangsseite ab. Ziehen Sie die unteren Fäden durch die obere Schlaufe. Und drücken Sie zu. Machen Sie weiter und arbeiten Sie langsam in der Skala.

Drücken Sie die Fäden nach oben, um sie zu straffen - fassen Sie das untere Ende des mittleren Fadens (Rückgrat) mit einer Hand und drücken Sie die Fäden mit der anderen Hand nach oben. Wenn Sie fertig sind, ziehen Sie die Fransen nach unten, bis sie auf das untere Ende der mittleren Strähne treffen. Schneiden Sie sie stattdessen grob an. Das hilft nicht nur bei der Formgebung, sondern auch beim Ausbürsten der

Strähnen. Um ehrlich zu sein, je kürzer die Strähnen sind, desto besser. Es hilft auch, eine sehr scharfe Gewebeschere zu haben!

Beginnen Sie beim Ausbürsten am Rücken und drücken Sie beim Ausbürsten kräftig in den Faden. Um die perfekten, zarten Fransen zu erhalten, sind viele harte Striche erforderlich. Arbeiten Sie sich nach unten vor. Sie wollen nicht, dass die Bürste Strähnen abwirft, während Sie das untere Ende des Rückgrats bürsten. Als nächstes wollen Sie die Feder versteifen. Die Stränge sind so weich, dass sie nur herumflattert, wenn Sie sie auffangen und versuchen, sie aufzuhängen. Geben Sie ihr ein oder zwei Sprühstöße, und lassen Sie sie mindestens ein paar Stunden probieren.

DIY Schlüsselanhänger mit Quasten und Makramee

Wer liebt nicht einen süßen Ring? Besonders eine schöne DIY-Version, die keine Zeit in Anspruch nimmt, Sachen verwendet, die Sie bereits haben, und so einfach oder so fantastisch sein kann, wie Sie wollen? Wenn Sie eine Ausrede brauchen, um einen personalisierten Schlüsselanhänger zu machen, haben wir sie:

Aktualisieren Sie Ihren Schlüsselbund, bevor Sie sich daran erinnern, machen Sie einen Ersatzschlüsselsatz für Ihren häuslichen Tiersitter, machen Sie einen Ersatzschlüsselsatz, den Sie Ihrem Nachbarn überlassen können, so dass Sie nicht in Ihre Wohnung einbrechen müssen, wenn Sie sich aussperren.

Organisieren Sie sich, indem Sie einen speziellen Schlüsselanhänger für all die kleinen Belohnungskarten herstellen. Nutzen Sie dies, um Ihre Makramee-Fähigkeiten zu verbessern. Für den gestreiften Makramee-Schlüsselanhänger habe ich vertikale Nelkenhaken-Knoten und Wollfäden verwendet. Der dritte und fünfte personalisierte Schlüsselbund ist super einfach - Schnüre und ein paar Perlen mit einer Quaste. Und der vierte DIY-Schlüsselanhänger ist nur ein langer Zopf, in der Hälfte gefaltet, umwickelt mit Stickwatte. Die Perlen sind handbemalt und aus Sculpey hergestellt.

Benötigte Materialien für Makramee-Schlüsselanhänger

- Schlüsselring

- 3/16" Paspelschnur aus natürlicher Baumwolle

- Perlen

- Stickgarn oder Zahnseide

- Schere

Sie können Ihre Schlüsselanhänger mit Quasten oder Makramee aufpeppen, indem Sie sie mit verschiedenen Garn- oder Seidenfarben umwickeln.

Makramee-Vorhang

Binden Sie vier Stränge auf derselben Schaumstoffkernplatte zusammen und stecken Sie Stecknadeln in den oberen Knoten, um diese unter den beiden mittleren Strängen zu fixieren. Nehmen Sie die rechte äußere Strähne (rosa) und führen Sie sie über die beiden anderen mittleren Fasern zur linken Seite. Nehmen Sie die linke (gelbe) äußere Strähne und führen Sie sie unter der rosa Strähne, die sich hinter den mittleren Fasern befindet, und auf der anderen Seite über die rosa Strähne. Schieben Sie die beiden Strähnen eng zusammen. Dann kehren Sie den ersten Schritt einfach um! Nehmen Sie die äußerste linke Strähne (jetzt die rosafarbene) und legen Sie sie über zwei Stränge in der Mitte. Nehmen Sie den äußersten rechten Strang (das ist jetzt das Gelb) und legen Sie ihn unter das Rosa, hinter die beiden mittleren Stränge und auf der anderen Seite über das Rosa. Ziehen Sie die beiden Strähnen fest, bis sie einen Knoten aus den verflochtenen Strähnen bilden. Das ist der schwierigste Teil! Diese Grundbewegungen werden bei den restlichen Schritten wiederholt. Um einen weiteren Knoten direkt neben Ihrem ersten Knoten zu machen, wiederholen Sie die Schritte 1-3 mit vier weiteren Fäden. Nehmen Sie zwei rechte Fäden des ersten Knotens für eine neue Gruppe mit zwei linken Fäden des zweiten Knotens auf.

Wiederholen Sie mit der neuen Gruppe Ihren Grundknoten, indem Sie die äußere rechte (violette) Litze nehmen und über die beiden mittleren Litzen auf die linke Seite führen. Nehmen Sie die äußere linke (grüne) Strähne und führen Sie sie durch die lila Strähne, nach den mittleren Strähnen und über die lila Strähne auf die andere Seite. Schieben Sie die beiden Fasern eng zusammen. Drehen Sie nun den ersten Schritt zurück! Nehmen Sie den äußersten linken Strang (das ist jetzt der lila Strang) und legen Sie ihn über zwei Stränge in der Mitte. Nehmen Sie den äußersten rechten Strang (das Grün) und führen Sie ihn unter dem Lila hindurch, hinter die beiden mittleren Stränge und über das Violett auf der anderen Seite. Ziehen Sie diese beiden Fäden eng zusammen. Teilen Sie die mittlere Stranggruppe, indem Sie die beiden ganz linken und die beiden ganz rechten Fäden verschieben. Wiederholen Sie den Grundknoten mit beiden Klassen und machen Sie so lange weiter, wie Sie möchten.

Als ich mit dem eigentlichen Vorhang begann, habe ich 14 Seilklassen mit jeweils vier Strängen gebildet, die alle 100 Zoll lang sind. Es machte einen sauberen Knoten, zwei doppelt so lange Seile (also 200 Zoll) oben auf dem Vorhang abzuschneiden und dann die Stränge in der Mitte über die Stange zu hängen und einen Knoten zu machen, um eine Gruppe von vier Strängen zu bilden. Da diese Methode mit großen Seilen viel größer ist als der Faden, müssen Sie etwas finden, an dem Sie Ihre Stange aufhängen können, damit Sie Ihr Seil darunter hängen lassen können (wir haben einen Fahrradständer verwendet, um unser Seil aufzuhängen).

Sie können sehen, dass die Herstellung der einfachen Knoten mit dem Garn die gleiche Idee ist, nur in einem viel größeren Maßstab. Ich habe den Grundknoten in der Nähe des oberen Endes aller 14 Bänder gemacht und dann eine neue Knotenreihe darunter und darüber (wie in der Garnanleitung). Dann ging ich eine neue Reihe hinunter, machte Knoten unter den ursprünglichen Knoten und ließ die Knoten weiter rudern, bis ich alle benötigten Reihen fertig hatte. Achten Sie darauf, dass Sie beim Knüpfen zurückbleiben, um sicherzustellen, dass Sie Ihre Knoten in gleichmäßigen Reihen knüpfen. Ich behielt ein handliches Lineal bei, damit. Ich ließ den Rest der Stränge fallen, um den Vorhang zu vervollständigen, bis 5 Reihen Knoten fertig waren.

Hängen Sie Ihren neuen Vorhang an Ihrem perfekten Platz auf, sobald Sie die Stränge fertig geflochten haben. Zum Schluss wickeln Sie die Abdeckkassette an den Enden, an denen der Stoff den Boden erreicht, ein (oder die weiße Kassette, die "Wohnheimkassette"), die ich verwendet habe. Schneiden Sie die Kerze auf und lassen Sie 2/3 bis die Hälfte der Kerze intakt. Das hilft, die Ausbreitung von Überstunden zu verhindern. An den Makramee-Vorhang (an den vorhandenen Kleiderständer) habe ich ein cremefarbenes Stück Stoff gehängt. Ich liebe es, wie der Vorhang geworden ist! Er wirkt anders, aber immer noch funktional und nicht zu laut. Wir haben einen sehr lauten Teppich im Zimmer, also brauchten wir nichts mit Tonnen von Farbe oder viel Aufmerksamkeit.

Wandbehang

Materialien

Zur Herstellung dieses Wandbehangs benötigen Sie die folgenden Materialien:

- 18x 5 Meter (16, 5 Fuß) 5mm (0, 2") Baumwollseil

- 7x 50cm (20") von 5mm Baumwollseil

- 1x Ein Holzdübel, 44cm (17") lang

Beginnen Sie mit Ihrem Wandbehang

Um mit dem Wandbehang zu beginnen, schneiden Sie 18 Abschnitte des Baumwollseils zu je 5 Metern zu. Sie müssen alle 18 Seile mit einem Lerchenkopfknoten befestigen. Um diesen Knoten zu machen, nehmen Sie 1 Seil und falten es in der Hälfte. Ziehen Sie das gefaltete Ende über den Holzdübel und ziehen Sie die Seilenden durch die gerade gemachte Schlaufe. Wiederholen Sie diesen Schritt 18 Mal.

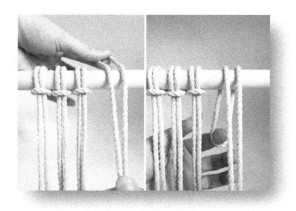

Nun ist es Zeit für die erste horizontale Reihe von Doppel-Halbstichknoten. Verwenden Sie zunächst 1 Ihrer 50 cm langen Baumwollschnur als Haltekordel. Knüpfen Sie nun mit Ihren Aufhängeschnüren 36 Doppel-Halbstichknoten um Ihre Haltekordel.

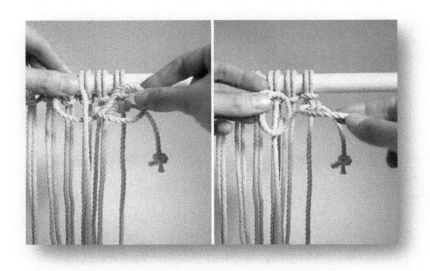

Die 4 Muster

Der Wandbehang besteht aus 4 deutlich unterschiedlichen Mustern. Jedes Muster wird durch 2 horizontale Reihen von Halbstichknoten fixiert.

Das Wabenmuster

Der erste Teil dieses Wandbehangs ist der einfachste Teil. Zuerst beginnen Sie mit einer Reihe von quadratischen Knoten. Dann eine Reihe mit 2 quadratischen Knoten, gefolgt von einer Reihe mit einfachen quadratischen Knoten. Wiederholen Sie dies noch einmal. Um den ersten Teil zu beenden, knüpfen Sie eine horizontale Reihe von halben Stichknoten. Lassen Sie eine kleine Lücke von etwa 2,5 cm und knüpfen Sie eine weitere horizontale Reihe halber Maschenknoten.

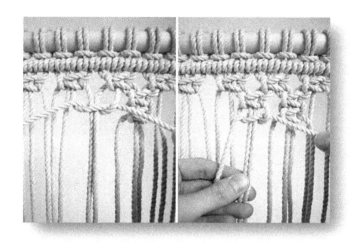

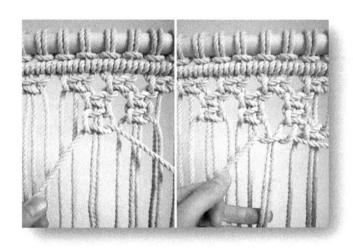

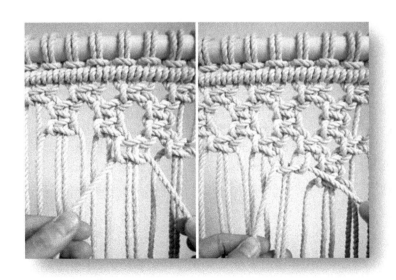

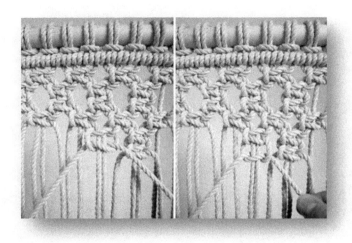

Halbhaken-Kreuze

Für jedes Kreuz werden 8 Kordeln verwendet. Insgesamt hat dieser Wandbehang 36 Kordeln. Wir müssen auf beiden Seiten des Wandbehangs 2 Kordeln unberührt lassen. Wir beginnen also mit der 3. Kordel als Haltekordel. Knüpfen Sie mit den Kordeln 4, 5 und 6 einen doppelten Halbschlagknoten diagonal um diese Haltekordel. Nehmen Sie die Kordel 10 als Haltekordel und knüpfen Sie mit den Kordeln 9, 8 und 7 doppelte Halbschlagknoten diagonal um diese Kordel. Binden Sie nun mit der linken Haltekordel einen doppelten Halbschlagknoten um die rechte Haltekordel. Binden Sie weiterhin diagonale Halbschlagknoten mit den Kordeln 6, 5 und 4 sowie 7, 8 und 9. Wiederholen Sie diesen gesamten Schritt noch 3 Mal für die restlichen 3 Kreuze. Wenn Sie mit allen 4 Kreuzen fertig sind, ist es an der Zeit, eine weitere horizontale Reihe von Doppel-Halbstichknoten zu machen.

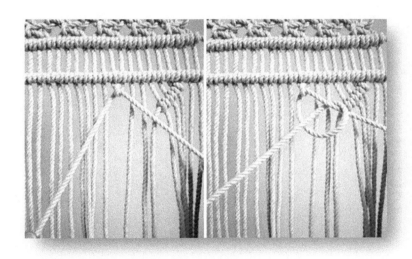

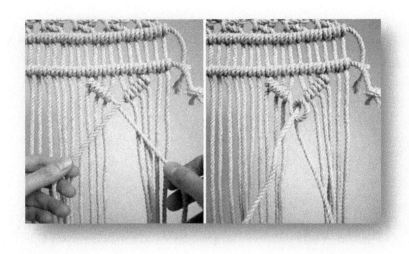

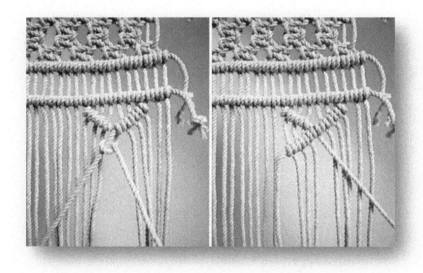

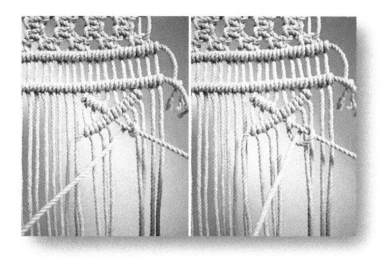

Halbe Quadratknoten

Für diesen Teil werden wir nur die erste Hälfte des quadratischen Knotens verwenden. Knüpfen Sie insgesamt 5 Reihen halber quadratischer Knoten. Lassen Sie zwischen jeder Reihe etwa 2 cm Abstand. Beenden Sie diesen Teil mit einer weiteren horizontalen Reihe doppelter halber Quadratknoten.

Quadratische Knoten und Halbschlagknoten

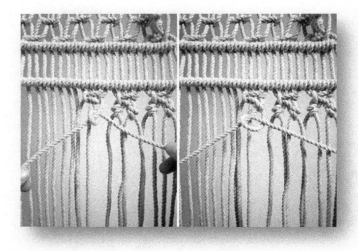

Dies ist der komplexeste Teil des Wandbehangs. Wir werden eine Kombination aus quadratischen Knoten und halben Steppknoten verwenden. Beginnen Sie zunächst mit einer Reihe von quadratischen Knoten. Nun hängen von jedem quadratischen Knoten 4 Kordeln herab. Verwenden Sie die äußere Kordel als Halteschnur und die innere Kordel als Arbeitsschnur, um 1 diagonalen Doppel-Halbstichknoten zu machen. Wiederholen Sie diesen Vorgang für alle Kordeln. Knüpfen Sie eine Reihe quadratischer Knoten, gefolgt von einer weiteren Reihe diagonaler Halbmaschenknoten. Beenden Sie das Muster mit einer letzten Reihe quadratischer Knoten, gefolgt von der letzten horizontalen Reihe doppelter Halbstichknoten.

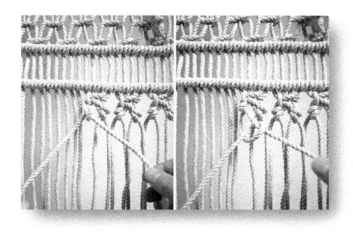

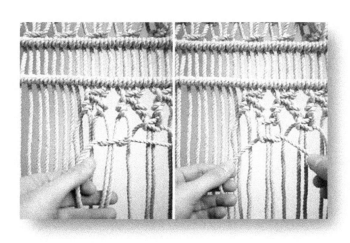

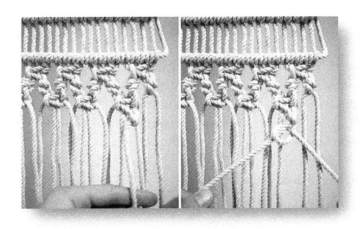

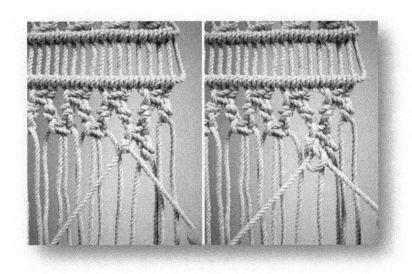

Weben der losen Enden und Schneiden der Fransen

Ihr Wandbehang ist nun fast fertig. Es fehlen nur noch die letzten Handgriffe. Zuerst müssen Sie die losen Enden der Halteschnüre der horizontalen Reihen einflechten. Legen Sie Ihren Wandbehang kopfüber flach auf den Boden. Lösen Sie mit einer Schere die Rückseite eines der doppelten Halbschlagknoten und ziehen Sie das lose Ende durch. Schneiden Sie das Ende ab. Wenn Sie ein Ausfransen verhindern möchten, können Sie die Enden mit Klebeband fixieren. Wenn Sie alle losen Enden fertiggestellt haben, ist es an der Zeit, Ihren Wandbehang aufzuhängen und die Fransen abzuschneiden. Wenn Sie möchten, können Sie die Fransen aufknoten und ausbürsten, um ein flauschigeres Aussehen zu erzielen.

Kapitel 3: Pflanzenaufhänger

Makramee-Pflanzenaufhänger für Anfänger

Beschreibung: Pflanzenaufhänger von 75 cm (2 Fuß und 5,5 Zoll)

Knoten: Quadratischer Knoten, abwechselnder quadratischer Knoten, halber Knoten und Raffknoten.

Verbrauchsmaterial:

- Kordel: 10 Stränge Kordel von 18 Fuß und 0,5 Zoll (5, 5 Meter), 2 Stränge von 3 Fuß und 3,3 Zoll (1 Meter)

- Ring: 1 runder Ring (Holz) mit einem Durchmesser von 4 cm (1,6 Zoll)

- Behälter: 7 Zoll (18 cm) Durchmesser

Anleitung (Schritt-für-Schritt):

1. Falten Sie die 10 langen Stränge der Kordel in der Hälfte durch den Holzring.

2. Binden Sie alle (jetzt 20) Stränge mit 1 kürzeren Strang mit einem Raffknoten zusammen. Verstecken Sie die abgeschnittenen Kordelenden nach dem Binden des Raffknotens.

3. Machen Sie mit allen Kordeln einen viereckigen Knoten: Verwenden Sie von jeder Seite 4 Stränge, um den viereckigen Knoten zu machen; die anderen 12 Stränge bleiben in der Mitte.

4. Teilen Sie die Stränge in 2 Sätze zu je 10 Strängen auf. Knüpfen Sie in jedem Satz einen quadratischen Knoten mit 3 Strängen auf jeder Seite (4 Stränge bleiben in der Mitte jeder Gruppe).

5. Teilen Sie die Litzen in 3 Sätze von 6 Litzen für die äußeren Gruppen und 8 Litzen für die Gruppe in der Mitte auf. Knüpfen Sie in jedem Satz einen quadratischen Knoten mit 2 Strängen auf jeder Seite.

6. Teilen Sie die Litzen in 5 Sätze zu je 4 Litzen auf und machen Sie mit jedem Satz einen quadratischen Knoten.

7. Fahren Sie mit den 5 Sätzen fort. In den 2 äußeren Sets machen Sie 4 viereckige Knoten und in den 3 inneren Sets machen Sie 9 halbe Knoten.

8. Knüpfen Sie mit allen Garnituren abwechselnd 7 viereckige Knoten, indem Sie zwei Stränge in jeder Garnitur mit den beiden rechten Strängen der jeweils nächsten Garnitur verbinden. In der ersten, dritten, fünften und siebten Reihe verwenden Sie die 2 äußeren Stränge auf jeder Seite nicht.

9. Wiederholen Sie Schritt 7 und 8. Bei der Wiederholung von Schritt 8 knüpfen Sie 5 alternierende quadratische Knoten anstelle von 7 alternierenden quadratischen Knoten.

10. Um Ihnen die Schritte zu erleichtern, nummerieren Sie die Stränge von links nach rechts mit Nr. 1 bis Nr. 20.

11. Mit den 4 mittleren Strängen (Nr. 9 bis 12) machen Sie 14 Vierkantknoten.

12. Machen Sie einen quadratischen Knoten mit dem 4er-Set der Litzen Nr. 3 bis 6 und dem 4er-Satz der Stränge Nr. 15 bis 18.

13. Teilen Sie die Litzen in 4 Sätze von 4 Litzen auf (ignorieren Sie den Satz mit den 14 quadratischen Knoten in der Mitte) und binden Sie in jedem Satz 12 quadratische Knoten.

14. Lassen Sie 5 cm nach unten fallen.

15. Bilden Sie 5 Sätze auf folgende Weise und binden Sie in jedem Satz einen quadratischen Knoten:

- Satz 1 besteht aus den Litzen Nr. 5, 6, 1 und 2

- Satz 2 besteht aus den Strängen Nr. 3, 4, 9 und 10

- Satz 3 besteht aus den Litzen Nr. 7, 7, 13 und 14

- Satz 4 besteht aus den Litzen Nr. 11, 12, 17 und 18

- Satz 5 besteht aus den Litzen Nr. 19, 20, 16 und 15

16.   Lassen Sie weitere 5 cm (2 Zoll) herunter, ohne Knoten. Dies ist der Moment, in dem Sie den gewählten Behälter/die Schale in den Bügel stellen, um sicherzustellen, dass er/sie passt. Wenn Sie mehr Platz ohne Knoten lassen müssen, damit Ihr Behälter passt, können Sie dies tun.

17.   Führen Sie alle Strähnen zusammen und binden Sie dann mit der übrig gebliebenen kürzeren Strähne einen Raffknoten. Schneiden Sie alle Stränge in unterschiedlichen Längen ab, um Ihr Projekt zu beenden.

Makramee-Pflanzenaufhänger - Fortgeschrittene

Beschreibung: Pflanzenaufhänger von 4 Fuß und 3 Zoll (1, 30 Meter)

Knoten: Viereckiger Knoten, abwechselnd viereckiger Knoten, halber Knoten, abwechselnd halber Stek, Raffknoten.

Verbrauchsmaterial:

- Kordel: 8 Kordelstränge von je 26 Fuß und 3 Zoll (8 Meter), 1 kurze Kordelstränge

- Holzring: 1 runder Ring (Holz) mit einem Durchmesser von 4 cm (1,6 Zoll)

- Behälter/Blumentopf: 7 Zoll (18 cm) Durchmesser

Anleitung (Schritt-für-Schritt):

1.   Falten Sie 8 Stränge der Kordel, die langen, in der Hälfte über und durch den Ring. Jetzt haben Sie insgesamt 16 Kordelstränge. Gruppieren Sie sie in Gruppen von vier Strängen.

2.   Knüpfen Sie 4 quadratische Knoten an jeden Satz von vier Strängen.

3. 8 cm (3,15 Zoll) nach unten fallen lassen.

4. Binden Sie 4 Stränge in jedem Satz mit den beiden rechten des Satzes an sich. Wiederholen Sie den Vorgang bei jedem der 4 Sets.

5. Lassen Sie 11 cm (4,3 Zoll) nach unten fallen.

6. Wiederholen Sie Schritt 4, beginnen Sie diesmal mit den 2 rechten Strängen.

7. Nehmen Sie 2 Stränge aus einem Satz und machen Sie 10 abwechselnde halbe Stechknoten. Wiederholen Sie den Vorgang für die 2 linken Stränge dieses Satzes. Wiederholen Sie den Vorgang für alle Sätze.

8. Lassen Sie 10 cm nach unten fallen und binden Sie eine Reihe von 48 Halbknoten an jeden Satz von vier Strängen.

9. Nehmen Sie die 2 mittleren Stränge jedes Satzes und machen Sie 8 abwechselnde halbe Stechknoten. Die 2 Stränge an der Seite des Sets lassen Sie so, wie sie sind (ohne Knoten).

10. Knüpfen Sie eine Reihe von 30 Halbknoten auf jedem Satz von vier Strängen.

11. Machen Sie mit einem neuen kurzen Strang der Schnur einen Raffknoten um alle Stränge.

12. Schneiden Sie die Enden ab und fransen Sie sie wie gewünscht aus.

Makramee-Pflanzenaufhänger Fortgeschrittene

Beschreibung: Pflanzenaufhänger von 2 Fuß und 5,5 Zoll (75 cm)

Knoten: Quadratischer Knoten, alternierender quadratischer Knoten, Kronenknoten, Raffknoten und Überhandknoten.

Verbrauchsmaterial:

- Kordel: 4 Stränge der Kordel von 4 Metern Länge, 4 Stränge von 5 Metern Länge, 2 Stränge von 1 Meter Länge

- Ring: 1 runder Ring (Holz) von 4 cm (1,5 Zoll) Durchmesser

- Perlen: Holzperlen

- Cristal-Schale/Behälter: 7 Zoll (18 cm) Durchmesser

Anleitung (Schritt-für-Schritt):

1. Falten Sie die 8 langen Stränge der Kordel (4 Stränge von 13 Fuß und 1,5 Zoll und 4 Stränge von 16 Fuß und 4,8 Zoll) in der Hälfte durch den Holzring.

2. Binden Sie alle (jetzt 16) Stränge mit 1 kürzeren Strang mit einem Raffknoten zusammen. Verstecken Sie die abgeschnittenen Schnurenden nach dem Binden des Raffknotens.

3. Teilen Sie die Stränge in 4 Sets zu je 4 Strängen auf. Jedes Set hat 2 lange Stränge und 2 kürzere Stränge. Knüpfen Sie in jeder Gruppe 5 chinesische Kronkorken. Ziehen Sie jede Litze fest und glatt.

4. Knüpfen Sie 8 quadratische Knoten an jedem Satz von vier Strängen. In jedem Satz befinden sich die 2 kürzeren Stränge in der Mitte und Sie binden mit den 2 äußeren, längeren Strängen.

5. Binden Sie 15 halbe quadratische Knoten mit jedem Satz.

6. Lassen Sie 14 cm nach unten fallen, ohne Knoten, und binden Sie einen abwechselnden quadratischen Knoten, um die beiden linken Schnüre in jedem Satz damit zu verbinden.

7. Lassen Sie sich 8 cm nach unten fallen und binden Sie erneut einen abwechselnden quadratischen Knoten mit 4 Strängen.

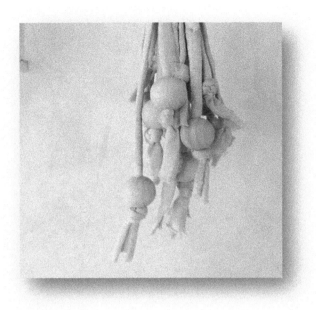

8. Lassen Sie 4 cm nach unten fallen. Stellen Sie den gewählten Behälter/die Schale in den Bügel, um sicherzustellen, dass er/sie passt.

Raffen Sie alle Strähnen zusammen und machen Sie dann mit der verbleibenden kürzeren Strähne einen Raffknoten. Fügen Sie an jedem Strangende eine Perle hinzu (optional). Knüpfen Sie einen Überhandknoten in jeden Strang und schneiden Sie alle Stränge knapp unterhalb des Überhandknotens ab.

Kapitel 4: Makramee-Schmuck

Reif-Ohrringe

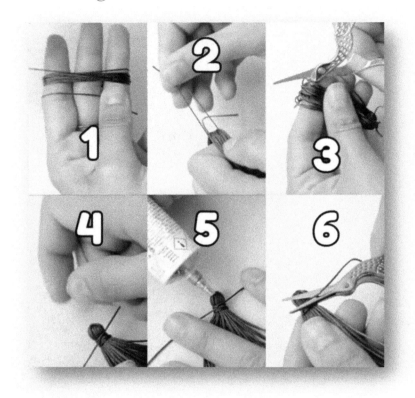

Sie können alte Fransen wiederverwenden, um Ohrringe herzustellen. Viele Kleidungsstücke enthalten Fransen als dekoratives Material, das Sie für Ihre Bastelarbeiten nutzen können. Sie können farbige Fransen an T-Shirts, Taschen, Mänteln, Rucksäcken oder Beuteln aller Art finden.

Sie können farbige Fransen von Kleidungsstücken, die Sie nicht mehr verwenden, recyceln. Viele Behälter, Rucksäcke oder T-Shirts enthalten diese Fransen.

Das Spannende an der Herstellung Ihrer Accessoires ist, dass Sie Materialien und Stoffe wiederverwenden, die Sie vielleicht zu Hause vergessen haben. Auf diese Weise tragen Sie zum Recycling bei, betreiben verantwortungsvollen Konsum und vermeiden den Erwerb unnötiger Kleidung. Wenn Sie Fransen haben, können Sie diese auch in Schmuckperlengeschäften kaufen.

Möchten Sie Ihre Fransen lieber selbst machen? Es ist mühelos, und Sie benötigen synthetisches und widerstandsfähiges Garn, Kontaktkleber und eine Schere.

Machen Sie Ihre Fransen-Ohrringe Schritt für Schritt. Sie benötigen nur Kontaktkleber, Kunstgarn und eine Schere. Um die Verzierungen zu vervollständigen, benötigen Sie außerdem Schmuckkappen und Ohrringhaken.

Wickeln Sie zunächst 3 Meter Faden um Ihre Finger, halten Sie ihn fest und binden Sie ihn mit weiterem Band, schneiden Sie die Fäden am gegenüberliegenden Ende ab, nehmen Sie ein weiteres Stück Faden und wickeln Sie es um den entsprechenden Teil, binden Sie es von hinten fest und verwenden Sie Kleber, um den Knoten zu fixieren. Zum Schluss schneiden Sie das überschüssige Stück mit einer Schere ab.

An diesem Punkt sollten wir unsere beiden Fransen bereits fertig haben, um sie in schöne Ohrringe zu verwandeln. Von hier aus haben wir mehrere Möglichkeiten; die Option, die wir empfehlen, ist die Verwendung von Schmuckkappen für Ornamente und Kontaktkleber.

Der letzte Schritt ist die Verwendung von zwei Ohrringhaken an jeder Kappe. Sie können eine Schmuckzange verwenden, wenn Sie die Ringe öffnen und befestigen müssen, oder jedes andere Material, das Sie verwenden.

Alle verwendeten Materialien erhalten Sie in spezialisierten Schmuckgeschäften oder indem Sie alte Ohrringe, die Sie nicht mehr verwenden, recyceln.

Choker-Halskette
Keltisches Kropfband

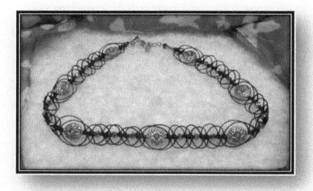

Elegante Schleifen lassen die smaragdgrünen und silbernen Perlen hervorstechen und machen dieses Stück zu einem echten Hingucker. Die fertige Länge beträgt 12 Zoll. Achten Sie darauf, den Bandverschluss zu verwenden, der mehrere Längenoptionen für den Verschluss bietet.

Verwendete Knoten:

1. Lerchenkopfknoten

2. Abwechselnde Lerchenkopfkette

Verbrauchsmaterialien:

- 3 Stränge schwarzer C-Lon Kordel; zwei 7ft Kordeln, eine 4ft Kordel

- 18 - grüne Perlen (4 mm)

- 7 - runde silberne Perlen (10 mm)

- Verschlüsse: Bandverschlüsse, silber

- Kleber - Beacon 527 Mehrzweckkleber

- Hinweis: Die Perlengröße kann leicht variieren. Achten Sie nur darauf, dass alle Perlen, die Sie auswählen, auf 2 Kordeln passen.

Anleitung:

1.Optional - Suchen Sie die Mitte Ihrer Kordel und befestigen Sie sie mit einem Lerchenkopfknoten an der Oberseite des Bandverschlusses. Ich fand es einfacher, die losen Enden durchzufädeln und nach unten zu ziehen, bis meine Schlaufe nahe der Öffnung war, und dann die Kordeln durch die Schlaufe zu schieben. Wiederholen Sie den Vorgang mit den 2 verbleibenden Strängen, wobei Sie die 1,5 m lange Kordel in die Mitte legen. Wenn dies problematisch ist, können Sie alle Kordeln auf 7 Fuß abschneiden und sich nicht um die Platzierung kümmern. (Wenn Sie Ihrem Kleber wirklich vertrauen, können Sie diesen Schritt überspringen, indem Sie die Kordeln in die Schließe kleben und von dort aus weiterarbeiten).

2. Legen Sie alle Kordeln in die Bandschließe. Fügen Sie einen großzügigen Klecks Kleber hinzu und schließen Sie die Schließe mit einer Zange.

3. Sie haben nun 6 Schnüre zum Arbeiten. Suchen Sie die 4-Fuß-Schnüre und platzieren Sie sie in der Mitte. Sie werden die Halte- (oder Füll-) Schnüre für die ganze Zeit sein.

4. Beginnen Sie Ihre ALH-Kette (Alternating Lark's Head) mit der äußersten rechten Kordel und dann mit der äußersten linken Kordel. Folgen Sie mit der anderen rechten Kordel und dann mit der letzten linken Kordel. Bei diesem ersten Satz ist das Muster schwer zu erkennen. Möglicherweise müssen Sie leicht an den Kordeln ziehen, um sie etwas zu lockern.

5. Schieben Sie nun eine silberne Perle auf die mittleren 2 Kordeln.

6. Die äußeren Kordeln liegen nun gestaffelt auf Ihren Halteschnüren. Fahren Sie mit der ALH-Kette fort, indem Sie mit der oberen rechten Kordel einen Knoten machen und dann mit der oberen linken Kordel einen Knoten machen.

7. Beenden Sie Ihren Satz von 4 Knoten, fügen Sie dann eine grüne Perle hinzu.

8. Binden Sie vier ALH-Knoten, gefolgt von einer grünen Perle, bis Sie 3 grüne Perlen im Muster haben. Binden Sie dann einen weiteren Satz von 4 ALH-Knoten.

9. Schieben Sie eine silberne Perle auf und fahren Sie fort, Sequenzen von 3 grünen, 1 silbernen Perle zu erstellen (immer mit 4 ALH-Knoten dazwischen). Schließen Sie mit der siebten Silberperle und einem weiteren Satz von 4 ALH-Knoten ab, um eine 12-Zoll-Kette zu erhalten. (Diese können Sie nach Belieben kürzen oder verlängern).

10. Alle Kordeln in die Bandspange legen und gut verkleben.

11. Crimpen Sie zu und lassen Sie sie vollständig trocknen. Schneiden Sie überschüssige Kordeln ab.

Serenity-Armband

(Hinweis: Wenn Sie mit dem Flachknoten vertraut sind, können Sie direkt mit dem Muster fortfahren)

Dieses Armband für Anfänger bietet viel Übung mit einem der am häufigsten verwendeten Mikro-Makramee-Knoten. Sie werden auch Erfahrung mit dem Perlen und dem Ausgleichen der Spannung sammeln. Dieses Armband hat einen Knopfverschluss und eine fertige Länge von 7 Zoll.

Verwendete Knoten:

Flacher Knoten (auch Quadratknoten genannt)

Überhandknoten

Zubehör:

- Weiße C-Lon-Kordel, 6 ½ ft., x 3

- 18 - Violett gefrostete Perlen, Größe 6

- 36 - Violette Saatperlen, Größe 11

- 1 - 1 cm violette und weiße Fokusperle

- 26 - Dunkelviolette Perlen, Größe 6

- 1 - 5 mm violette Knopfverschlussperle

(Hinweis: Die Knopfperle muss auf alle 6 Kordeln passen)

Anleitungen:

1.Nehmen Sie alle 3 Kordeln und falten Sie sie in der Hälfte. Suchen Sie die Mitte und legen Sie sie wie gezeigt auf Ihre Arbeitsfläche:

2. Halten Sie nun die Kordeln fest und machen Sie in der Mitte einen lockeren Überhandknoten. Das sollte so aussehen:

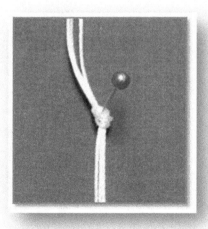

3. Wir machen nun einen Knopflochverschluss. Nehmen Sie direkt unterhalb des Knotens jede äußere Kordel und knüpfen Sie einen flachen Knoten (auch quadratischer Knoten genannt). Fahren Sie mit dem Binden von flachen Knoten fort, bis Sie etwa 2 ½ cm haben.

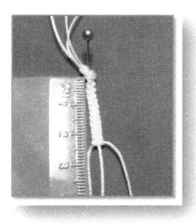

4. Lösen Sie den Überhandknoten und legen Sie die Enden hufeisenförmig zusammen.

5. Wir haben nun alle 6 Schnüre zusammen. Stellen Sie sich die Kordeln von links nach rechts als nummeriert von 1 bis 6 vor. Die Schnüre 2-5 bleiben als Füllschnüre in der Mitte. Suchen Sie die Schnüre 1 und 6 und verwenden Sie diese, um flache Knoten um die Füllschnüre zu binden. (Hinweis: Jetzt können Sie Ihre Knopfperle durch die Öffnung führen, um einen guten Sitz zu gewährleisten. Fügen Sie nach Bedarf flache Knoten hinzu oder ziehen Sie sie ab, um eine gute Passform zu erzielen. Diese Größe sollte für eine 5mm-Perle ausreichen). Fahren Sie mit dem Knüpfen von flachen Knoten fort, bis Sie eine Länge von 4 cm erreicht haben. (Um die Länge des Armbands zu erhöhen, fügen Sie hier mehr flache Knoten hinzu und die gleiche Menge in Schritt 10).

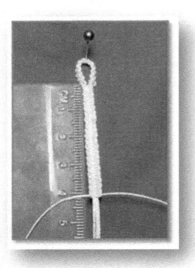

6. 4. Trennen Sie die Schnüre 1-4-1. Suchen Sie die mittleren 2 Kordeln. Fädeln Sie eine violette Perle der Größe 6 auf und machen Sie einen flachen Knoten mit den Kordeln 2 und 5.

7. 5. Wir arbeiten nun mit den Kordeln 1 und 6. Fädeln Sie auf die Kordel 1 eine Saatperle, eine dunkelviolette Perle der Größe 6 und eine weitere Saatperle auf. Wiederholen Sie den Vorgang mit Kordel 6 und teilen Sie dann die Kordeln in 3-3. Machen Sie mit den linken 3 Kordeln einen flachen Knoten. Machen Sie mit den rechten 3 Kordeln einen flachen Knoten.

8. 6. Wiederholen Sie Schritt 4 und 5 dreimal.

9. Suchen Sie die mittleren 2 Kordeln, halten Sie sie zusammen und fädeln Sie die 1-cm-Fokusperle auf. Nehmen Sie die Kordeln heraus (2 und 5) und fädeln Sie sie wie folgt auf: 2 dunkelviolette Perlen der Größe 6, eine matte violette Perle und 2 dunkelviolette Perlen. Nehmen Sie die Kordeln 1 und 6 heraus und fädeln Sie sie wie folgt auf: 2 mattlila Perlen, eine Saatperle, eine dunkelviolette Perle, eine Saatperle, 2 mattlila Perlen.

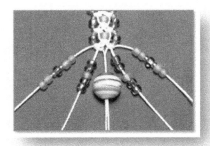

3. Machen Sie mit den Kordeln 2 und 5 einen flachen Knoten um die mittleren 2 Kordeln. Legen Sie die mittleren 4 Kordeln zusammen und machen Sie mit den äußeren Kordeln 1 und 6 einen flachen Knoten um sie.

4. Wiederholen Sie die Schritte 4 und 5 viermal.

5. Wiederholen Sie Schritt 3.

6. Setzen Sie Ihre Knopfperle auf alle 6 Kordeln und machen Sie einen Überhandknoten, der fest an der Perle anliegt. Kleben Sie gut und schneiden Sie die Kordeln ab.

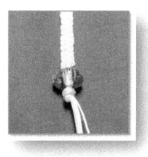

Laternen-Armband

Dieses Muster mag einfach aussehen, aber bitte versuchen Sie es nicht, wenn Sie in Eile sind. Dieses Muster erfordert Geduld. Machen Sie sich keine Sorgen darüber, dass die Picot-Knoten alle exakt die gleiche Form haben. Haben Sie Spaß daran! Das fertige Armband ist 7 ¼ Zoll lang. Falls gewünscht, fügen Sie einen Picot-Knoten und einen Spiral-Knoten auf jeder Seite des Mittelstücks hinzu, um es zu verlängern. Dieses Muster hat einen Sprungringverschluss.

Verwendete Knoten: Lerchenkopfknoten Spiral-Knoten Picot-Knoten Überhandknoten

Verbrauchsmaterial:

- 3 Stränge C-Lon-Kordel (2 hellbraun und 1 mittelbraun), Länge: 63 Zoll

- Verschlüsse (1 Sprengring, 1 Federring oder Karabinerhaken)

- Kleber - Beacon 527 Mehrzweckkleber

- 8 kleine Perlen (ca. 4 mm) bernstein- bis goldfarben

- 30 goldene Saatperlen

- 3 Perlen (ca. 6 mm) bernsteinfarben (meine sind rechteckig, aber runde oder ovale funktionieren auch wunderbar)

- Hinweis: Die Perlengröße kann leicht variieren. Achten Sie nur darauf, dass alle Perlen, die Sie auswählen, auf 2 Kordeln passen (außer Saatperlen).

Anleitung:

1.Suchen Sie die Mitte Ihrer Kordel und befestigen Sie sie mit einem Lerchenkopfknoten am Sprungring. Wiederholen Sie den Vorgang mit den 2 verbleibenden Strängen. Wenn Sie den 2-Farben-Effekt wünschen, achten Sie darauf, dass Ihre zweite Farbe NICHT in der Mitte platziert wird, da sie sonst nur eine Füllschnur ist und Sie am Ende ein 1-Farben-Armband haben.

2. Sie haben nun 6 Schnüre, mit denen Sie arbeiten können. Stellen Sie sich diese als durchnummerierte 1 bis 6 vor, von links nach rechts. Legen Sie die Schnüre 1 und 6 vom Rest ab. Sie werden diese verwenden, um den Spiral-Knoten zu arbeiten. Alle anderen sind Füllschnüre. Nehmen Sie Kordel Nummer 1 und knüpfen Sie einen Spiral-Knoten. Beginnen Sie immer mit der linken Kordel. Knüpfen Sie 7 weitere Spiralen.

3. Platzieren Sie eine 4mm-Perle auf den mittleren 2 Kordeln. Lassen Sie die Kordeln 1 und 6 vorerst in Ruhe und arbeiten Sie mit den Kordeln 2 und 5 einen flachen Knoten.

4. Legen Sie nun die Schnüre 2 und 5 mit den mittleren Strängen zusammen. Verwenden Sie 1 und 6, um einen Picot-Flachknoten zu knüpfen. Wenn Ihnen der Picot-Knoten nicht gefällt, lockern Sie ihn und versuchen Sie es erneut. Ziehen Sie die Schnüre vorsichtig zusammen und schließen Sie sie dann mit dem Spiral-Knoten fest.

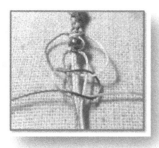 

Beachten Sie hier, wie ich den Picot-Knoten mit meinen Daumen halte, während ich die Kordeln mit meinen Fingern festziehe. Wenn Sie genau hinsehen, können Sie vielleicht erkennen, dass ich in jeder Hand eine Schnur habe.

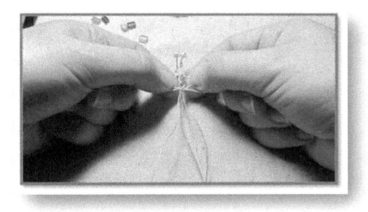

5. Knüpfen Sie 8 Spiral-Knoten (verwenden Sie die linke Kordel im gesamten Muster).

6. Platzieren Sie eine 4mm-Perle auf den mittleren 2 Kordeln. Lassen Sie die Kordeln 1 und 6 vorerst in Ruhe und arbeiten Sie 1 flachen Knoten mit den Kordeln 2 und 5. Legen Sie nun die Kordeln 2 und 5 mit den mittleren Kordeln zusammen. Verwenden Sie die Stränge 1 und 6, um einen Picot-Flachknoten zu knüpfen.

7. Wiederholen Sie die Schritte 5 und 6, bis Sie 5 Sätze von Spiralen haben.

8. Stecken Sie 5 Saatperlen auf die Kordeln 1 und 6. Legen Sie die Kordeln 3 und 4 zusammen und fädeln Sie eine 6-mm-Perle auf. Machen Sie einen flachen Knoten mit den äußersten Kordeln.

Wiederholen Sie diesen Schritt noch zwei weitere Male.

Wiederholen Sie nun die Schritte 5 und 6, bis Sie 5 Sätze von Spiralen vom Mittelpunkt aus haben. Fädeln Sie Ihre Schließe auf. Machen Sie mit jeder Kordel einen Überhandknoten und kleben Sie sie gut fest. Lassen Sie es vollständig trocknen. Da dies die schwächste Stelle im Design ist, empfehle ich, die überschüssigen Kordeln abzuschneiden und erneut zu kleben. Trocknen lassen.

Makramee-Ohrringe sind großartig, weil sie definitiv nicht wie Ihre üblichen langweiligen, silbernen oder goldenen Ohrringe sind. Von neonfarbenen bis hin zu dezenten und eleganten, Sie werden sicher die richtigen Macramé-Ohrringe für sich finden! Probieren Sie diese aus und überzeugen Sie sich selbst!

Day Glow-Ohrringe

Was Sie benötigen:

- 36" irisch gewachste Leinenschnur

- 3" 2,5 mm Kristall-Kette

- 2 3" Kopfnadeln

- 2 große Nieren-Ohrdrähte

- 2 12-mm-Perlen

- Schere

- Abschneider

- Rundzange

- Kettennadelzange

Anweisungen:

1.Knüpfen Sie einen Überhandknoten, indem Sie 18" gewachstes Leinen verwenden, und achten Sie darauf, dass 3" übrig bleiben. Achten Sie darauf, dass er bis zu 1 Kopfnadel reicht.

2. Fädeln Sie an beiden Enden der Kordel Keramik auf und umwickeln Sie dann die Kopfnadel mit einer langen Kordel.

3. Binden Sie dann die Enden der Kordeln mit einem quadratischen Knoten zusammen und achten Sie darauf, die Schlaufe zu umwickeln.

4. Halten Sie oben auf 1 Nierendraht ein 1 ½" großes Stück Kristallkette. Legen Sie den Rest des gewachsten Leinens unter den Kristall und lassen Sie es kreuz und quer um den Ohrdraht gehen.

5. Schließen Sie die Schlaufe mit einem quadratischen Knoten ab und versäubern Sie die Enden, indem Sie sie abschneiden.

6. Stecken Sie den Perlenbügel auf den Draht.

Für den zweiten Ohrring sollten Sie an beiden Enden der Kordel Keramik auffädeln und dann die Kopfnadel mit einer langen Kordel umwickeln. Binden Sie dann die Enden der Kordeln mit einem quadratischen Knoten zusammen, und achten Sie darauf, die Schlaufe zu umwickeln. Halten Sie oben auf 1 Nierendraht eine 1 ½" Kristallkette. Legen Sie den Rest des gewachsten Leinens unter den Kristall und lassen Sie es kreuz und quer um den Ohrdraht laufen.

Schließen Sie die Schlaufe mit einem quadratischen Knoten ab und versäubern Sie die Enden, indem Sie sie ebenfalls abschneiden.

Makramee-Spiral-Ohrringe

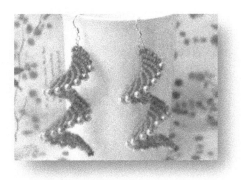

Jetzt müssen Sie sich nicht mehr Muscheln am Meeresstrand vorstellen, denn Sie können sie schon tragen - oder zumindest eine Macramé-Version von ihnen! Wenn Sie das nicht an Muscheln erinnert, erinnert es Sie vielleicht an lustige Partys oder Wendeltreppen. So oder so, es ist eine lustige Halskette zum Anschauen - und auch zum Tragen!

Was Sie brauchen:

- Feuerzeug

- Ohrring-Haken

- Sprengringe

- 4 mm hellblaue Glasperle

- 1 mm Nylongarn

Anleitungen:

1.Schneiden Sie drei Stücke des Nylonfadens in einer Länge von 100 cm ab. Eines davon wäre der Nylonfaden und die beiden anderen wären die Arbeitsfäden. Um den Haltefaden sollte dann ein Kronenknoten geknüpft werden.

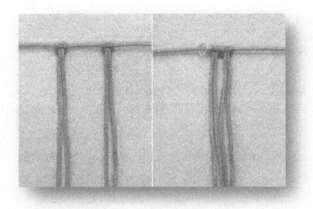

2. Überprüfen Sie den linken Haltefaden und achten Sie darauf, dass Sie dort einen Sprungring anbringen.

3. Legen Sie über die vier Arbeitsfäden den linken Haltefaden. Verwenden Sie die vier Arbeitsfäden, um den Faden zu halten, und machen Sie auf dem verbleibenden Faden einen halben Stechknoten.

4. Knüpfen Sie 4 halbe Steppknoten auf dem ganz linken Faden und schieben Sie dann eine Perle auf den Nylonfaden. Sichern Sie sie mit einem halben Stechknoten.

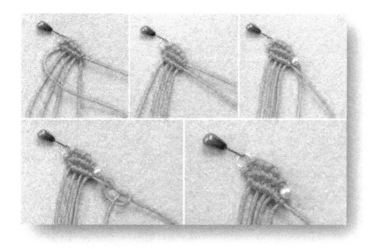

5. Wiederholen Sie dies 25 Mal, um eine perfekte Spirale zu erstellen.

6. Nehmen Sie zum Befestigen wieder Ihren Haltefaden (in diesem Fall den Faden ganz links) und lassen Sie ihn den Faden, den Sie gerade halten, überlappen. Schneiden Sie einen Haltefaden nach dem Binden eines halben Stechknotens ab.

7. Knüpfen Sie zwei weitere halbe Steppknoten und schieben Sie eine Perle auf den ganz rechten Faden. Achten Sie darauf, dass Sie den Faden wieder in einem halben Stechknoten verwenden.

8. Schneiden Sie zum Schluss noch einige Fäden ab und brennen Sie die Enden mit einem Feuerzeug ab. Achten Sie darauf, auch Ohrringhaken anzubringen.

Sommerliche Chevron-Ohrringe

Dies ist etwas, von dem Sie eine Menge machen könnten, da es als Freundschafts-Ohrringe für Sie und die, die Sie lieben, dienen könnte. Es ist sehr sommerlich und wirklich farbenfroh, was es zu einem absoluten Augenschmaus macht! Sie werden es sicher lieben, diese Ohrringe zu machen und zu tragen!

Was Sie brauchen:

- Ohrdrähte

- Kleine Kette

- Nylon/Garn (oder jede beliebige Kordel)

- Draht

- Zange

- Schere

- Heißklebepistole

Anweisungen:

1.Falten Sie die Kordel in vier Teile und knüpfen Sie dann einen Basisknoten/quadratischen Knoten, während Sie die vier Längen festhalten. Sobald Sie dies getan haben, werden Sie feststellen, dass Sie acht Stücke Baumwolllängen bei sich haben. Sie sollten sie in Paare aufteilen und in jedes dieser Paare einen Knoten machen, bevor Sie mit dem quadratischen Knoten beginnen. Das ist so, als ob Sie ein Freundschaftsarmband machen würden!

2. Machen Sie mit dem Draht zwei Schlaufen aus dem Faden und achten Sie darauf, dass die Mitte und die Seiten die gleiche Breite haben.

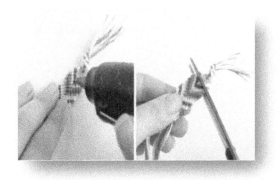

3. Verwenden Sie auf der Rückseite des Armbands Heißkleber, um zu verhindern, dass sich die Knoten aufrollen.

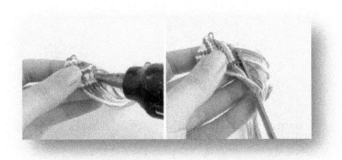

4. Falten Sie das Armband um den Draht, kurz nachdem Sie etwas Kleber aufgetragen haben und es abkühlen lassen.

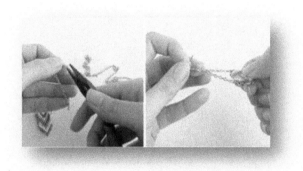

5. Verwenden Sie Heißkleber, damit sich die Knoten nicht wieder lösen. Achten Sie darauf, den überschüssigen Faden abzuschneiden.

6. Schneiden Sie die Kette auf die gewünschte Länge - oder wie die Ohrringe aussehen sollen. Sichern Sie den Ohrdraht, wenn Sie die Mitte der Kette gefunden haben.

7. Genießen Sie Ihre neuen Ohrringe!

Herzhafte Büroklammer-Ohrringe

Dies ist wirklich kreativ, weil es verschiedene Stickgarne und Büroklammern verwendet, um Ihnen Ohrringe zu geben, die anders als alle anderen sind. Wenn Sie denken, dass Büroklammern nur einfache Schulsachen sind, dann denken Sie noch einmal nach.

Was Sie brauchen:

- Büroklammern

- Stickgarn

- Ohrring-Haken

- Kleber

- Wasser

- Pinsel

Anleitungen:

1.Biegen Sie einige Büroklammern, bis sie wie Herzen aussehen. Beachten Sie, dass Sie es vielleicht mehrmals versuchen müssen, da Sie den Effekt nicht auf Anhieb erzielen. Sobald Sie einige Herzen gemacht haben, kleben Sie die Enden fest, um sie zu sichern.

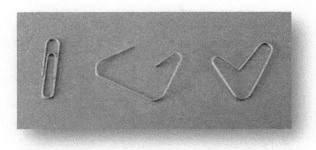

2. Wickeln Sie Stickgarn auf, um die Clips zu ummanteln, und lassen Sie dann einige Zentimeter Faden hängen, damit Sie daraus halbe Stichknoten machen können.

3. Knüpfen Sie Knoten, bis Sie das Ende erreichen, und streichen Sie mit einer Mischung aus Wasser und Klebstoff, um es zu sichern.

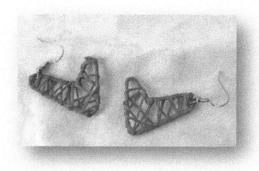

4. Trocknen lassen und dann die Ohrringhaken anbringen.

Fransen-Spaß-Ohrringe

Diese Ohrringe könnten sicherlich eine Menge Spaß in Ihre Ohren bringen! Sie sind die perfekte Erinnerung an Festivals oder lustige Nachmittage mit Cocktails und Punsch mit Ihren Lieblingsmenschen!

Was Sie brauchen:

- 56" 4-lagige, gewachste irische Leinenkordel

- 2 Kopfnadeln aus Messing

- 2 Messing-Ohrdrähte

- 2 gehämmerte 33-mm-Messingringe

- 22 runde 6-mm-Glasscheiben

- Rundzange

- Kettennadelzange

- Schere

Anweisungen:

1.Machen Sie aus den Kopfnadeln Ösen, indem Sie die Spitze umbiegen und ein Schlupfloch machen, so wie es unten gezeigt ist.

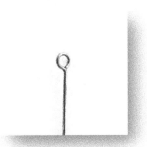

2. Fädeln Sie ein Glas zu einer einzelnen Schlaufe auf und legen Sie es beiseite, bevor Sie es in der Mitte durchschneiden.

3. Machen Sie am Ende der einen Kordel eine 3-Zoll-Falte und gehen Sie dann und knoten Sie um den Messingring.

4. Verwenden Sie das lange Ende der Kordel, um zwei halbe Knoten direkt um den Ring zu machen.

5. Fädeln Sie eine Glasperle so auf, dass Sie einen Überkopfknoten bilden können. Schneiden Sie bis auf 1/8" ab und machen Sie erneut einen Überhandknoten. Schneiden Sie noch einmal auf 1/8" ab.

6. Wiederholen Sie diese Schritte (mit Ausnahme des ersten) und befestigen Sie dann das Perlenglied am Messingring.

7. Wiederholen Sie alle Schritte, um den zweiten Ohrring herzustellen.

Dieses Muster mag einfach aussehen, aber bitte versuchen Sie es nicht, wenn Sie in Eile sind. Dieses Muster erfordert Geduld. Machen Sie sich keine Sorgen darüber, dass die Picot-Knoten alle exakt die gleiche Form haben. Haben Sie Spaß daran! Das fertige Armband ist 7 ¼ Zoll lang. Falls gewünscht, fügen Sie einen Picot-Knoten und einen Spiral-Knoten auf jeder Seite des Mittelstücks hinzu, um es zu verlängern. Dieses Muster hat einen Sprungringverschluss.

Verwendete Knoten: Lerchenkopfknoten Spiral-Knoten Picot-Knoten Überhandknoten

Verbrauchsmaterial:

- 3 Stränge C-Lon-Kordel (2 hellbraun und 1 mittelbraun) in Längen von 63 Zoll

- Verschlüsse (1 Sprengring, 1 Federring oder Karabinerhaken)

- Kleber - Beacon 527 Mehrzweckkleber

- 8 kleine Perlen (ca. 4 mm) bernsteinfarben bis goldfarben

- 30 goldene Saatperlen

- 3 Perlen (ca. 6 mm) bernsteinfarben (meine sind rechteckig, aber runde oder ovale funktionieren auch wunderbar)

Hinweis: Die Perlengröße kann leicht variieren. Achten Sie nur darauf, dass alle Perlen, die Sie auswählen, auf 2 Kordeln passen (außer Saatperlen).

Anleitung:

1.Suchen Sie die Mitte Ihrer Kordel und befestigen Sie sie mit einem Lerchenkopfknoten am Sprungring. Wiederholen Sie den Vorgang mit den 2 verbleibenden Strängen. Wenn Sie den 2-Farben-Effekt wünschen, achten Sie darauf, dass Ihre zweite Farbe nicht in der Mitte platziert wird, da sie sonst nur eine Füllschnur ist und Sie am Ende ein 1-Farben-Armband haben.

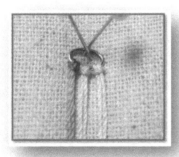

2. Sie haben nun 6 Kordeln, mit denen Sie arbeiten können. Stellen Sie sich diese als durchnummerierte 1 bis 6 vor, von links nach rechts. Legen Sie die Kordeln 1 und 6 vom Rest ab. Sie werden diese verwenden, um den Spiral-Knoten zu arbeiten. Alle anderen sind Füllschnüre. Nehmen Sie Kordel Nummer 1 und knüpfen Sie einen Spiral-Knoten. Beginnen Sie immer mit der linken Kordel. Knüpfen Sie 7 weitere Spiralen.

3. Platzieren Sie eine 4mm-Perle auf den mittleren 2 Kordeln. Lassen Sie die Kordeln 1 und 6 vorerst in Ruhe und arbeiten Sie mit den Kordeln 2 und 5 einen flachen Knoten.

4. Legen Sie nun die Schnüre 2 und 5 mit den mittleren Strängen zusammen. Verwenden Sie 1 und 6, um einen Picot-Flachknoten zu knüpfen. Wenn Ihnen der Picot-Knoten nicht gefällt, lockern Sie ihn und versuchen Sie es erneut. Ziehen Sie die Schnüre sanft in Position und schließen Sie sie dann mit dem nächsten Spiralknoten fest.

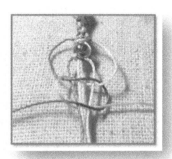 

Beachten Sie hier, wie ich den Picot-Knoten mit meinen Daumen festhalte, während ich die Kordeln mit meinen Fingern festziehe. Wenn Sie genau hinsehen, können Sie vielleicht erkennen, dass ich in jeder Hand eine Schnur habe.

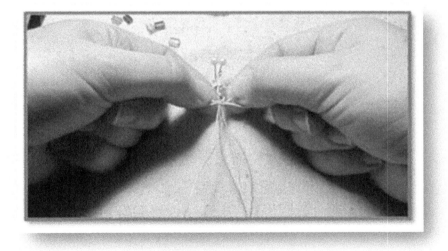

5. Knüpfen Sie 8 Spiralknoten (verwenden Sie die linke Kordel im gesamten Muster).

6. Platzieren Sie eine 4mm-Perle auf den mittleren 2 Kordeln. Lassen Sie die Kordeln 1 und 6 vorerst in Ruhe und arbeiten Sie 1 flachen Knoten mit den Kordeln 2 und 5. Legen Sie nun die Kordeln 2 und 5 mit den mittleren Kordeln zusammen. Verwenden Sie die Stränge 1 und 6, um einen Picot-Flachknoten zu knüpfen.

7. Wiederholen Sie die Schritte 5 und 6, bis Sie 5 Sätze von Spiralen haben.

8. Legen Sie als nächstes 5 Saatperlen auf die Stränge 1 und 6. Legen Sie die Kordeln 3 und 4 zusammen und fädeln Sie eine 6-mm-Perle auf. Machen Sie einen flachen Knoten mit den äußersten Kordeln.

9. Wiederholen Sie diesen Schritt noch zwei Mal.

10. Wiederholen Sie nun die Schritte 5 und 6, bis Sie 5 Sätze von Spiralen vom Mittelpunkt aus haben, fädeln Sie Ihre Schließe auf. Machen Sie mit jeder Kordel einen Überhandknoten und kleben Sie sie gut fest. Vollständig trocknen lassen. Da dies die schwächste Stelle im Design ist, empfehle ich, die überschüssigen Kordeln abzuschneiden und erneut zu kleben. Trocknen lassen.

Kapitel 5: Fertigen Sie einen Aufhänger für Ihren Holzdübel an

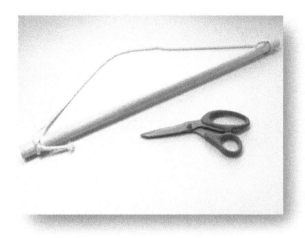

Schneiden Sie ein Stück Makramee-Schnur ab, das 1 Meter lang ist und an einen Holzdübel gebunden wird. Verbinden Sie die beiden Seiten des Holzdübels mit jedem Ende des Fadens. Sie werden dies verwenden, um Ihr Makramee-Projekt zu befestigen, wenn es fertig ist. Am Anfang befestige ich ihn gerne, damit ich das Makramee-Projekt aufhängen kann, wenn ich Knoten knüpfe. Es ist viel einfacher, auf diese Weise zu arbeiten, als es zu bestimmen.

Schneiden Sie Ihr Makramee-Seil mit der Schere in 12 Schnurlängen von 4,5 m (15 Fuß) Länge. Das mag nach viel Seil klingen, aber die Knoten nehmen mehr Seil auf, als Sie erwarten. Wenn Sie es brauchen, gibt es keine Möglichkeit, das Seil dicker zu machen, also schneiden Sie es besser, als Sie es brauchen.

Falten Sie einen der Makramee-Kerne auf dem Holzdübel in der Hälfte und binden Sie ihn mit einem Schöpfkopfknoten an einen Holzdübel.

Verbinden Sie die anderen Schnüre auf die gleiche Weise

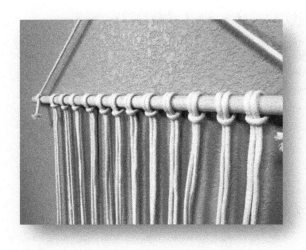

Nehmen Sie die ersten vier Stränge und machen Sie einen nach links gerichteten Spiralstich (auch als Halbknoten Lynton bezeichnet), indem Sie 13 Halbknoten binden.

Machen Sie mit vier Strängen einen weiteren Spiralstich mit 13 Halbknoten, indem Sie dasselbe Paar von vier Strängen verwenden. Arbeiten Sie weiter im Vierer-Seilzug. Sie sollten mindestens sechs Spiralstiche haben, bevor Sie fertig sind.

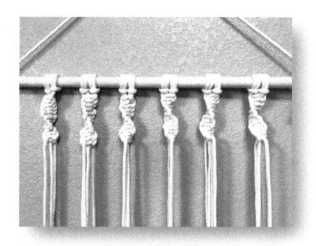

Legen Sie etwa zwei Zentimeter vom letzten Spiralstichknoten entfernt an. An dieser Stelle befindet sich Ihr Knoten, der rechteckige Knoten.

Machen Sie ein rechtes Knotenprofil mit den ersten vier Strängen. Fahren Sie fort, die richtigen Knoten in dieser Reihe zu machen. Tun Sie Ihr Bestes, um sie alle gleichmäßig horizontal zu halten. Sie werden am Ende sechs Knoten zusammen haben.

Die zweite Reihe der viereckigen Knoten beginnt jetzt mit den viereckigen Knoten, so dass die Knoten eine "V"-Form haben

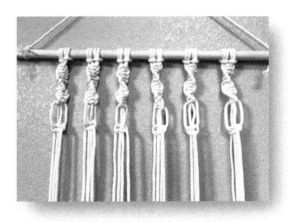

Legen Sie die ersten beiden Stränge und die letzten beiden Stränge auf. Betrachten Sie jeweils eine Gruppe von vier rechtwinkligen Knoten. Sie haben nun eine zweite Reihe mit den ersten beiden und den letzten beiden nicht verknoteten Strängen und fünf quadratischen Knoten. Es spielt keine Rolle, wie Sie sie anordnen; halten Sie sie einfach für jede Reihe zusammen.

Nehmen Sie die quadratischen Knoten weiter ab Ein "V", das aus den quadratischen Knoten in der dritten Reihe gebildet wird, die ersten vier Schnüre und die letzten vier Schnüre werden ausgelassen. Sie werden vier Knoten zusammen haben. Für die vierte Reihe lassen Sie oben sechs Schnüre und am Ende sechs Schnüre weg. Sie werden drei quadratische Bindungen haben. In der fünften Reihe werden Sie am Anfang acht Kordeln haben und am Ende acht Kordeln. Jetzt werden Sie zwei quadratische Krawatten haben. Für die sechste und letzte Reihe sollen am Anfang zehn Kordeln und am Ende zehn Kordeln gelöst werden. Damit können Sie einen letzten quadratischen Knoten mit vier Schnüren machen.

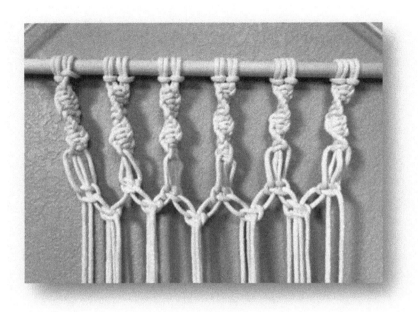

Viereckige Knoten Machen Sie ein zweites "V" in viereckigen Knoten, wenn wir sie zu einem Dreieck oder einem auf dem Kopf stehenden "V" vergrößern wollen. "Für dieses erste Segment bringen Sie die ersten acht und die letzten acht Schnüre heraus. Das ergibt zwei quadratische Knoten.

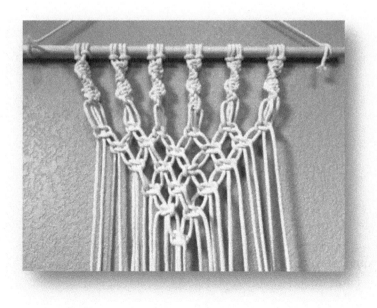

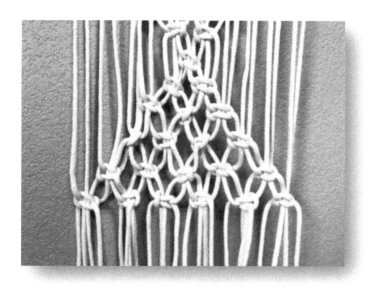

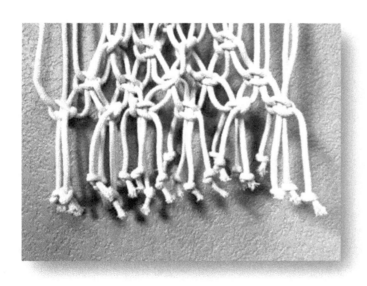

Sie kennen den Begriff Makramee bereits, egal ob Sie in den 1970er Jahren aufgewachsen sind oder schon seit einigen Jahren auf Pinterest unterwegs sind. Makramee-Modelle haben aufwendige Designs mit einer Vielzahl von Knoten, die es in verschiedenen Formen und Größen gibt.

Die häufigsten Beispiele im Internet sind Wandbehänge, aber mit dieser Technik und diesem Material kann man viel mehr machen. Und während wir uns immer noch auf eines dieser spannenden Projekte freuen, haben wir beschlossen, den Fokus weg von der Wand und hin zu praktischeren Konzepten zu verlagern.

Solche Makramee-Tutorials sind ideal für Anfänger, und einige von ihnen können ohne einen einzigen Knoten fertiggestellt werden. Eine Demonstration kommt ganz ohne Knoten aus und verwendet stattdessen Makramee-Schnur zum Spinnen. Möchten Sie mehr lernen? Sehen Sie unten die Lieblingsbeispiele.

Nichtsdestotrotz sollten Sie zuerst lernen, wie man ein paar einfache Makrameeknoten macht, bevor Sie eines der folgenden Projekte in Angriff nehmen. Üben Sie diese Knoten so lange, bis Sie das Ergebnis so sicher wie möglich ist.

Ein Makramee-Tischläufer

A Beautiful Mess Die meisten Makramee-Tischläufer gibt es schon, aber wir lieben diesen von A Beautiful Mess. Die Fotos brechen das Muster in einfache Schritte, und die Anweisungen sind unkompliziert. Es kann eine Herausforderung sein, herauszufinden, wie man einen Knoten ohne eine Aufzeichnung macht, aber diese Bilder geben Ihnen eine gute Vorstellung davon, wie jeder Knoten aussehen wird.

Ich spreche bei der Dekoration eines jeden Raumes in Schichten von Koordination und Kontrasten. Solche drei Elemente, die einen Raum weniger einfach machen, egal ob es sich um Farbe, Textur oder Maßstab handelt. Meine vierte Leitlinie ist Polyvalenz! Dieser Makramee-Tischläufer hat alle Kriterien erfüllt und diese kompakte Ecke mit ihrem einfachen und faszinierenden Stil noch einzigartiger gemacht.

Alles, was Sie wissen müssen, sind drei wesentliche Knoten, und Sie haben eine charmante Schicht, die zu jeder Jahreszeit funktioniert. Wenn Sie die hier gelernten Knoten kennen, können Sie Ihren Tischläufer auf die Länge Ihres Tisches zuschneiden oder ihn komplett verändern und eine hängende Makramee-Wand kreieren.

Versorgung: -12" Holzdübel -22 Längen Baumwollschnur mit 3 mm Durchmesser -2" mit Dübelaufhängerschere

Schritt 1: Befestigen Sie Baumwollschnur an jedem Ende des Dübels und hängen Sie ihn an den Türaufhänger. Falten Sie Ihren ersten 16"-Seilstrang in der Hälfte und machen Sie einen Knoten auf Ihrem Dübel. Für noch gründlichere Maßnahmen, siehe diesen Artikel.

Schritt 2: Halten Sie jeden 16'-Seilstrang mit einem Lerchenkopfknoten, bis Sie insgesamt 22 haben. So können Sie mit 44 Strängen arbeiten.

Schritt 3: Legen Sie den rechten Außenstrang über alle anderen Stränge (links) und lassen Sie das Ende Ihres Türgriffs fallen. Dies bildet die Grundlage für eine Reihe von Knoten, die als Halbmasche bezeichnet werden, um eine horizontale Reihe zu bilden. Verwenden Sie das zweite Seil von der rechten Seite aus, um einen Knoten um das soeben drapierte Seil zu machen, so dass es sich 6" unterhalb des Dübels befindet.

Schritt 4: Verwenden Sie denselben Strand, um einen zweiten Knoten an die Grundleine zu binden. Dieser wird als Halbierungsknoten bezeichnet.

Schritt 5: Vergewissern Sie sich, dass sie deutlich und gleichmäßig sind.

Schritt Sechs: Wiederholen Sie den Vorgang von außen mit dem zweiten, dritten und vierten Seil und knüpfen Sie einen weiteren Stechknoten, so dass er fest sitzt, usw. Sie werden langsam die Tendenz erkennen. Es ist ein halber, horizontaler Stechknoten.

Schritt 7: Fahren Sie damit fort, die aufeinanderfolgenden Seile durch einen einzigen Knoten zu binden. Sie wollen nicht so nah dran sein, dass es an den Rändern in der Ferne ist.

Schritt 8: Wiederum von rechts, verwenden Sie die vier äußeren Stränge, um einen Knoten etwa 1,5" unterhalb des horizontalen Knotens zu bilden. Weitere Informationen zu einem quadratischen Knoten finden Sie in diesem Makramee-Lagerungsartikel.

Lassen Sie die vier (fünf bis acht) Stränge aus und knüpfen Sie dann einen weiteren Knoten aus neun bis zwölf Strängen. Lassen Sie immer wieder vier Stränge aus, bevor Sie die Linie überqueren.

Schritt Neun: Beginnen Sie wieder auf der rechten Seite, verwenden Sie die vier übersprungenen Stränge (fünf bis acht) und knüpfen Sie einen quadratischen Knoten etwa 3" unterhalb des Dübels.

Schritt 10: Binden Sie weiterhin vier Strangsets in quadratische Knoten, bis die Reihe beendet ist.

Kapitel 6: Hängemattenstuhl

Erforderliche Materialien:

- Schnurlänge (Größe: 6 mm)

- Zwei geschweißte 3-Zoll-Metallschlaufen (hochbelastbar)

- Elastisches Maßband

- Stoffkleber, der vollständig trocknet

Verwendete Knoten:

- Gewickelter Knoten

- Überhandknoten

- Faßknoten

- Lerchenkopfknoten

- Doppelter halber Haken (DHH)

- Abwechselnder Vierkantknoten (ASK)

Vorbereitung (Schneiden Sie die Schnüre wie folgt zu):

- 16 Schnüre, jede der Größe 3,5 Yards für die obere Seitenstütze

- 16 Schnüre, je 4,5 m lang für die untere Seitenstütze

- 32 Schnüre, je Größe 7 Yards für den Sitz

- Zwei Schnüre, jede mit einer Größe von 50 Zoll, diese wären für die Wickelknoten.

Schritt-für-Schritt-Anleitung:

1.Führen Sie 8 der 4,5-Yard-Schnüre in den Ring und verbinden Sie die Enden. Binden Sie die Knoten um den Zaun. Legen Sie auf die zuvor gebundenen Kordeln 8 der 3,5-Meter-Kordeln, falten und ordnen Sie diese ebenfalls an. Binden Sie einen Knoten, der um die Schnüre gewickelt wird, wie unten dargestellt:

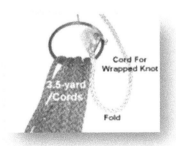

*Schnur fur gewickelten Knoten

2. Binden Sie eine Seite einer 50-Zoll-Akkordschnur rechts von den gefalteten Schnüren neben der Glocke. Gehen Sie 2 Zoll nach unten und wickeln Sie diese Schnur weiter um die restlichen Schnüre. Bringen Sie das Arbeitsende wieder in den Bereich in der Nähe des Dreiecks.

3. Binden Sie das Arbeitsende um die Schnüre, und auch das verschlossene Ende der Arbeitsschnur. Wickeln Sie es fest auf und beginnen Sie dann in Bodennähe mit dem Vorwärtsschieben.

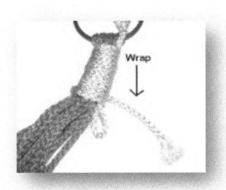

*Wickeln

4. The folded part of Working Cord now looks like a shell. Across this loop move the working end of the working thread.

*Ende durch Schleife fuhren

5. Pull the sealed portion, at the top binding point. This will push the end of the job by the Wrapped Knot, and the revolving circle formed by the working rope. Trim all of the cord flush's loose ends with both the top and bottom edges and drape the stubs inside where they are not noticeable. The resulting knot looks like the one on the pic.

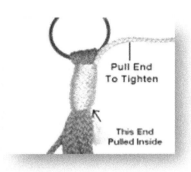

* Zum Festziehen am Ende ziehen

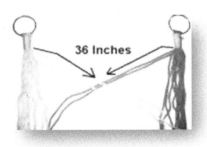

6. Recreate step 1, connecting the remaining 3.5-yard and 4.5-yard cords onto the other loop in the same manner. CAREFULLY take both rings on each string, and they keep the ring securely. They shouldn't trip on rings back and forth. Connect the links to the desk floor, or put them up such that the cords are in an upright position. Choose 2 of the shorter strings from the right side ring (3.5 yard), and two more from the left side ring. The strings you choose will settle wherever they come off the Wrapped Knot. These cords are to act as supporting loops to the upper side of the Hammock Frame. Move down 36 inches from the bottom edge of the Wrapped Knot. The four cords are to be kept diagonally to each other, and they unite at this point. That would form the upper edge of your chair's back.Mentally mark the left side cables as 1 and 2, and the right as 3 and 4. Crawl a simple Square knot using them. The active cables are 1 and 4, and the fillers are 2 and 3. To build the back and bottom of the Hammock Chair, you must connect the other strings on each side of this Knot. Hold the numbered ENDS to recall which cables to use in your next move. The result would be similar to the one in the photo below.

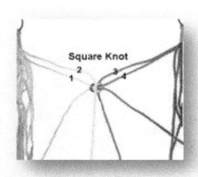

* quadratischer Knoten

7. Move the ends of the four strings to the right and south, standing parallel to the section that descends from the rings. For all these four lines the back and seat cords of the Hammock Chair should be connected. Authors tip: This is best to operate on a flat floor, because it allows to conveniently place the lines, because the wires are horizontal. Curl one 7-yard string in half and put it on top of the four holding strings on the Square knot's left. The fold is to be aimed at you. Take the halves under the holding cords and over the folded field and pull them to you. This knot is the Larks Head Knot (LHK) in reverse. Leave a tiny gap on the holding cord between the knot and the Square knot. Knots should be tightened.

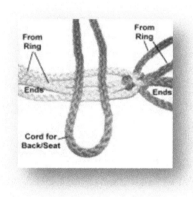

* Reverse Larks Kopfknoten

8. Binden Sie die rechte Hälfte des Seils mit einem Half Hitch Tie, indem Sie es rechts vom Larks Head Tie platzieren. Führen Sie es durch die Trageschnüre und dann nach unten. Legen Sie es um die Bedienschnur, wenn Sie sie neben sich herführen. Der Knoten muss straff sein.Verwenden Sie nun die linke Hälfte der Arbeitsschnur, um einen Half Hop auf den Larks Head-Knoten nach oben zu machen. Ziehen Sie den Knoten auf die gleiche Weise wie zuvor an. Bewegen Sie sich nach rechts von oben. Ziehen Sie den Knoten auf die gleiche Weise fest, wie Sie es zuvor getan haben. Bewegen Sie sich nach rechts zu den übrig gebliebenen Halteseilen. 16 Seile werden mindestens in der Mitte der Halteseile auf beiden Seiten des SK platziert. Es ist wichtig, dass Sie in dieser Phase sorgfältig kalkulieren, damit die ASK-Reihen korrekt aufeinander abgestimmt sind. Berechnen Sie die Anzahl der Abschnitte genau, und die Lücken entsprechen der Anzahl der Seitenhilfsmittel, mit denen Sie arbeiten wollen.

* Schieben Sie die erste Schnur gegen den quadratischen Knoten

9. Um die Rückseite des Hängesessels herzustellen, knüpfen Sie 21 Reihen alternierender Quadratknoten (ASK) an die 7-Meter-Schnur. Die Anfangsreihe enthält die Montageknoten von Schritt 5. Die restlichen Reihen sollten einen Abstand von 1" haben. Wenn Sie die Rückseite kürzer gestalten möchten, können Sie diesen Abstand verringern. Knüpfen Sie in Reihe 1 den LINKEN Quadratknoten mit den Schnüren 1-32 und den RECHTEN SK mit den Schnüren 33-64. Wiederholen Sie dies für die ungeraden Reihen links (z. B. 3, 5, 7 usw.).In Reihe 2 verbinden Sie den LINKEN Quadratischen Knoten mit 3-34 Kordeln und den RECHTEN SK mit 35-62 Kordeln. Wiederholen Sie den Zyklus der folgenden geradzahligen Reihen (4, 6, 8, usw.).

10. Verstärken Sie dann für den Sitz die Knoten in Reihe 22, so dass sie 1/2 Zoll unter denen in Reihe 21 liegen. Wiederholen Sie dies für die restlichen Reihen. Wenn Sie ein engeres Muster wünschen, sollten Sie die Knoten 1/4 Zoll voneinander entfernt anordnen, aber darauf achten, dass die Platte immer seitlich gestreckt ist. Für die Tafel ist es notwendig, die Knoten NICHT eng aneinander zu binden. Es muss zumindest ein gewisser Abstand zwischen den Reihen vorhanden sein, sonst wird das Paneel zu kurz. Hören Sie auf, wenn mindestens 23 Reihen geknüpft wurden (in diesem Fall also mindestens 44 Reihen für die Rückenlehne und die Sitzfläche).

11. Halten Sie den Hängemattenstuhl mit den Stützen der Ringe, falls Sie dies noch nicht getan haben. Wählen Sie zwei beliebige Stützen von der LANGEN Seite (4,5 Meter), die aus dem rechten Ring kommen, und zwei aus dem linken Ring. Legen Sie diese beiden Kordeln diagonal ineinander, und zwar genau so, wie Sie es in Schritt 3 getan haben. Rechnen Sie vom gewickelten Knoten aus mindestens 60 Zoll nach unten. Dies ist die Stelle, an der sich die Kordeln berühren sollen. Knüpfen Sie den Knoten im Quadrat, um sie kurz zu verbinden. Legen Sie einen Sitz auf die tragenden Seile, um die Größe des Hängesessels zu überprüfen. Die Sitzfläche muss nach oben, weil sie in einem kleinen Winkel zur Stuhllehne steht. Aber er steigt nicht zu hoch auf, sonst wäre der Hängemattenstuhl nicht bequem. Verändern Sie den Sitz dort, wo die Halteschnüre geknotet sind; dadurch verschiebt sich der Sitz nach oben oder nach unten. Üben Sie weiter für die Organisation des Quadratknotens, bevor Sie die Sitzgröße bevorzugen.

12. Wenn die unteren Schnüre eine geeignete Stelle erreicht haben, binden Sie den Quadratknoten fest. Verwenden Sie beim Festziehen des Knotens Stoffkleber. Dadurch sollte der Knoten sicher verschlossen bleiben.

13. Anstatt sie hängen zu lassen, verschieben Sie die Kanten der neuen Halteschnüre so, dass zwei nach rechts und die anderen beiden nach links verlaufen. Befestigen Sie die Hälfte der Halteschnüre vom Sitz aus mit doppeltem Halbschlag rechts vom Vierkantknoten und die andere Hälfte links. Beginnen Sie in der Mitte und bewegen Sie sich beim Verbinden der Kordeln (auf beiden Seiten des SK) nach außen. Knüpfen Sie am Ende jeder Schnur einen Faßknoten, der unter der Sitzfläche des Hängesessels an der Unterkante liegt. Stellen Sie die Sitzfläche fertig, indem Sie eine der beiden Möglichkeiten wählen: Schneiden Sie die Seiten der Schnüre ab, aber achten Sie darauf, dass sie mindestens 2 Zoll lang sind und in die Schlaufen am HINTEREN Ende des Sitzes übergehen. Halten Sie sie mit Zement an ihrem Platz. Oder Sie schneiden die Schnüre ab und lassen einen Fransenrand stehen, dann montieren Sie sie. Bringen Sie unten einen Fassbinder an, um ein Ausfransen der Kordeln zu verhindern.

14. Ordnen Sie die Kordeln links, um der rechten Hand zu helfen, zu einem Zweierpaar an. Beginnen Sie unten und schieben Sie oben, wenn Sie ihnen nach hinten folgen und auf der rechten Seite sitzen. In Reihe 42 wird die Hauptseitenhilfe rechts neben dem SK angebracht, der auf der rechten Seite.In Reihe 42 wird die Hauptseitenhilfe rechts neben dem SK angebracht, der auf der Hofseite) durch den Raum neben dem Quadratknoten unterstützt. Machen Sie das Gleiche für die andere Schnur, bringen Sie sie an einer anderen Stelle an; neben dem gleichen SK. stellen Sie sicher, dass die seitlichen Stützen senkrecht stehen, mit etwas Spannung. Verwenden Sie einen Überhandknoten, um die beiden Schnüre miteinander zu verbinden.Ziehen Sie die Knoten fest, und das trifft auf die Kante des Sitzes. Bringen Sie einen weiteren Überhandknoten neben dem ersten Knoten an. Achten Sie darauf, dass er auch nach dem Sichern dieses Knotens an der Rückseite des Hängesessels bleibt.Ziehen Sie die Kanten zur Sitzvorderseite, bevor Sie mit dem nächsten Schritt fortfahren.

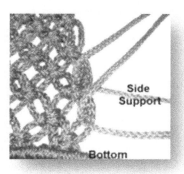 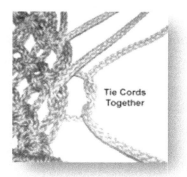

* Kabel zusammenbinden

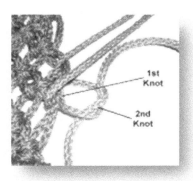

15. Redo step 11 with just the leftover LONG side supports, positioning them on the right side of the seat per 3rd section. And do the same for the Small side helps, while you operate in the upper field where Square Knot's rows are farther apart. There will also be room in between the supports per three sides. Ensure sure you place the supports as similar as possible to the Square Knots, even though the spaces are more important.

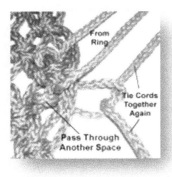

* Binden Sie die Schnure wieder zusammen

16. it's helpful to bring the support cords down the entire right side in place, then go back and tie them with the knots. This way, if appropriate, you may make improvements to their place.

17. Follow measures 11 and 12 through installing supports on the left foot. If required, make the appropriate changes to the ties, so the Hammock Chair hangs equally, before going on to the next stage.

18. Go back to where you began and move into another space the ends of the new side supports like before, to the left. Now attach the cords again, using 2 Overhand Knots (OK), as performed in stage no 11.Do this step for both sides on all sides on all other side supports current. Once finished, add the glue to the knots and allow it to dry before continuing.

19. To build a fringe using the remaining material from the side supports. OR you can use any extra ties to tie them to the table. Depending on your choice another alternative is to make Barrel knots at the end of both of the loose strings, so they rest near to the Square knots. Apply finishing glue then break off any excess content.

Kapitel 7: Einkaufstasche, Clutch Purse

Diese Clutch zeigt Picots an den Seiten der Klappe. Ein symmetrischer Streifen entsteht durch die Verwendung einer zweiten Farbe und den Wechsel zwischen rechtem und linkem Quadratknoten. Es ist ein extrem einfaches Makramee-Projekt, das für einen Anfänger geeignet ist. Sie müssen etwas Übung im Knüpfen von Square Knots sowohl links als auch rechts haben, aber sie werden alle als Teil der Anleitung erklärt. Die Maße der fertigen Clutch-Tasche sind 6,5 Zoll Höhe (gefaltet) und 9 Zoll Breite. Sie können mühelos eine breitere Version erstellen, indem Sie mehr Schnüre hinzufügen. Wie im abgebildeten Beispiel verwenden wir zwei Farben. Die Farbe A ist ein Braun, und die Farbe B ist Türkis; Sie können jede beliebige Farbe nach Ihrem Geschmack verwenden.

Benötigte Materialien:

- (50 Yards) 4 mm Schnurmaterial

- Ein kleiner Knopf für die Schließe

- Projektbrett, einige Stecknadeln, Kleber und Klebeband

Verwendete Knoten:

- Trommelknoten (BK)

- Doppelter halber Haken (DHH)

- Abwechselnder Kreuzknoten (ASK)

- Quadratischer Knoten (rechts und links)

Vorbereitung:

- Schneiden Sie zwanzig Schnüre der Farbe A mit einer Länge von jeweils 4 Yards zu.

- Schneiden Sie zusätzliche Kordeln in Zweiergruppen, damit die Clutch (gestreift) größer als 9 Zoll ist, achten Sie auf eine gerade Anzahl von Kordeln.

- Schneiden Sie vier Kordeln der Farbe B mit einer Länge von jeweils 4 Yards zu.

Schritt-für-Schritt-Anleitung:

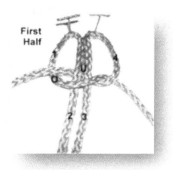

* erste Halfte

1.Falten Sie zwei Kordeln der Farbe A in der Hälfte und binden Sie sie in der Mitte zusammen. Das folgende Bild zeigt Ihnen, wie Sie einen (linken quadratischen) Knoten an der Laschenkante wickeln, um die Picots zu bilden. Sie können dieselbe Reihe von Details verwenden, um alle linken quadratischen Knoten herzustellen, die für den Körper Ihrer gestreiften Kupplung verwendet werden. Markieren Sie gedanklich die vier Teile, als wären sie vier separate Stränge. Für den linken Square Knot beginnen Sie immer damit, dass Sie Strang 1 nach rechts, über die Füllschnüre 2 bis 3 und unter Ihren Arbeitsstrang 4 führen. Schieben Sie nun die Schnur 4 nach links, unter die Füllschnüre 2 bis 3 und über die Arbeitsschnur 1. Verschieben Sie die erste Hälfte des Knotens so, dass sie einen halben Zoll unterhalb der Falte sitzt (für den halben Zoll Picot). Die Kordeln 4 und 1 haben ihren Platz getauscht und die Position für die 2. Hälfte des SK ist nun umgekehrt. Ziehen Sie Kordel 1 nach links, über die Schnüre 2 bis 3 und unter Kordel 4. Ziehen Sie Kordel 4 nach rechts, unter die Kordeln 2 - 3 und über Kordel 1.

2. Wiederholen Sie 1 Schritt mit zwei Kordeln in Farbe B, so dass 1 Picot-Schleifenmuster entsteht.

3. Die folgenden Richtlinien gelten für die Picot-Muster des rechten Knotens (SK). Erstellen Sie mindestens sieben Picots mit dem Design in Farbe A. Wenn die gestreifte Kupplung breiter als neun Zoll sein soll, können Sie mehr Picots in dieser Farbe erstellen.

4. Erstellen Sie oben ein Picot mit der Farbe B. Für Ihr rechtes Quadrat beginnen Sie, indem Sie Kordel 4 nach links, über die Stränge 2 bis 3 und unter Kordel 1 ziehen. Schieben Sie nun Kordel 1 nach rechts, unter

die Stränge 2 bis 3 und über Ihre Arbeitskordel 4. Schieben Sie die Kordel 4 für die zweite Hälfte nach rechts, über die Füllschnüre 2 bis 3 und unter die Kordel 1. Ziehen Sie die Litze 1 nach links, unter die Litzen 2-3 und über die Litze 4.

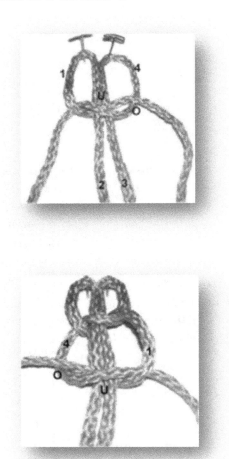

5. Ordnen Sie auf der Tafel alle Picot-Muster wie folgt an: Drei A-farbige linke Picots (aus den Schritten 1 bis 2), gefolgt von einem B-farbigen linken Picot-Design, das in Schritt 3 erstellt wurde. Und ein in Schritt 4 erstelltes B-farbiges rechtes Picot, auf das die 7 A-farbigen Picot-Designs folgen. Alle anderen Picot-Muster, die Sie erstellt haben, müssen auf der rechten Seite der anderen platziert werden. Die gestreifte Kupplung wird mit (ASK) Alternierenden Quadratknoten erstellt. Bevor Sie beginnen, müssen Sie wissen, wie man Schnüre wechselt. Wenn Sie also nicht wissen, wie das ASK-Muster funktioniert, sollten Sie üben. Für jede Reihe beginnen Sie von links, damit die Anweisungen Sinn ergeben. Nummerieren Sie gedanklich alle Schnüre von 1 - 48. Achten Sie ganz genau auf die Richtung Ihres Quadratischen Knotens (links oder rechts), da der Streifen, der mit der Farbe B gemacht wird, von den Richtungsänderungen abhängt. Linker SK: Die Arbeitsschnüre auf der linken Seite werden zuerst bewegt. Rechter SK: Es werden zuerst die Arbeitsschnüre auf der rechten Seite bewegt.

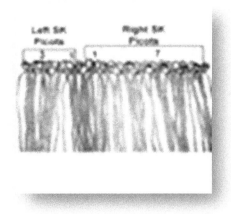

6. Die 1. Reihe wird in 4er-Gruppen geknüpft, beginnend mit Kordel 3. Die ersten 4 Knoten sind linke Quadratknoten, die mit den Kordeln:

- 3 - 6 der Farbe A

- 7 - 10 der Farbe A

- 11 - 14 aus Farbe B und A kombiniert

- 15 - 18 aus Farbe B

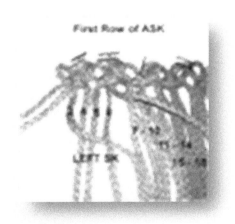

7. Wechseln Sie nun zu einem rechten quadratischen Knoten, für den Sie die Schnüre 19 bis 22 verwenden, die von den verbleibenden Knoten verwendeten Schnüre sind 27 43 46. Farbe B und A kombiniert. sind alle rechten quadratischen Knoten, der Farbe A: 30, 23 26, 35 38, 31 34, 39 42, und

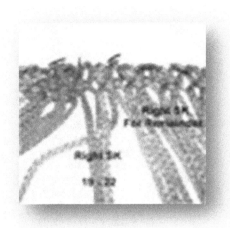

8. Die 2. der Reihe beginnt mit den 4 verbleibenden SK, gebunden mit Kordeln:

- 1 - 4 (A-Farbe)

- 5 - 8 (A-Farbe)

- 9 - 12 (A-Farbe)

- 13 - 16 (B-Farbe)

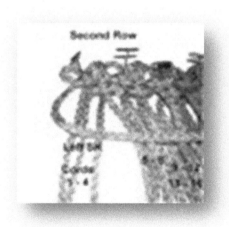

9. Binden Sie den 1. rechten quadratischen Knoten mit den Kordeln 17 bis 20, der Farbe B. Die restlichen Schlaufen werden mit den Kordeln gebunden:

- 21 bis 24,

- 25 bis 28,

- 29, 32,

- 33 bis 36,

- 37 bis 40,

- 41 bis 44,

- und 45 bis 48.

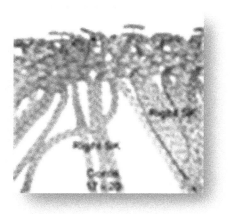

10. Wiederholen Sie den 6. Schritt, aber tauschen Sie vorher die Schnüre 2 und 3. Der erste linke Quadratknoten wird also mit den Schnüren 2-4-5-6 erstellt. Die Schnur 2 muss nur einmal als Arbeitsschnur verwendet werden, und dies ist eine gute Stelle, um dies zu tun. Wiederholen Sie den 7. Schritt, aber tauschen Sie die Kordeln 47 und 46, wenn Sie zum letzten ASK dieser Reihe kommen. Jetzt binden die Kordeln 43-44-45 und 47 den letzten rechten Quadratknoten.

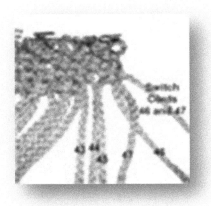

11. Sie wiederholen die Schritte 9 und 8 und dann die Schritte 7 und 6 für den Rest der gestreiften Kupplung.

12. Wiederholen Sie diesen Schritt, bis das Muster achtzehn Zoll lang ist, von der Spitze bis zur Endreihe der ASK der Picots. Halten Sie an der Reihe an, in der die Schnüre 3 bis 46 verwendet werden (Schritte 7 und 6). Nützlicher Tipp: Achten Sie darauf, dass sich die Kordeln der Farbe B immer in der Gruppe befinden, bevor Sie mit der nächsten Reihe beginnen. Es ist mühelos möglich, die Kordeln unabsichtlich zu vertauschen, und das ist in diesem Fall SCHLECHT. Seien Sie also sehr vorsichtig, wenn Sie sich in dem gestreiften Bereich befinden und achten Sie genau auf die Position der Kordeln (siehe Bild als Referenz). In den Reihen, in denen sich die Schritte 7 und 6 wiederholen, werden die beiden Farben auf einem Streifen gemischt. Der Quadratknoten wird immer mit dem Faden der Farbe A begonnen. In dieser Situation ist das der Faden 11, da Sie einen linken Square-Knoten knüpfen. In dieser Reihe beginnt der nächste gemischte Farbknoten ebenfalls mit der gleichen Arbeitsschnur der Farbe A. Das ist in dieser Situation die Schnur 22, da Sie einen rechten Square Knot erstellen. Das letzte Detail, das Sie beachten sollten, ist, dass die ersten 4 Knoten in jeder Reihe alle linke Viereckige Knoten sind, und der Rest sind rechte SK's. Auch hier ist der richtige Richtungswechsel an der richtigen Stelle sehr wichtig, um diese gestreifte Clutch zu erstellen. Die vordere Kante der Striped Clutch wird erstellt, sobald alle ASKs angebracht oder gebunden sind. Vergewissern Sie sich, dass Sie eine vollständige Vorstellung vom Binden eines (DHH) Double Half Hitches haben.

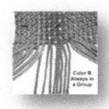
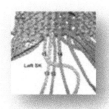
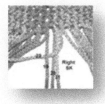

13. Ziehen Sie 1 Schnur nach rechts, und zwar so, dass sie über allen anderen Schnüren liegt.

14. Diese Schnur dient als Halte- oder Stoppschnur für die erste Reihe von DHH's.

15. Connect cords 2 to 47 with DHH knot to holding 1 cord. While creating each loop, rotating counterclockwise. Securely tie each knot. The formed bar should be placed against the last ASK row and bent a little to the right and left edges of the purse (just like in the next picture). When you move forwards, push the ties as tight as you can to one another, so that you have space for all the cords. Make sure that you do not connect cord 48 that is the last cord from the edge that is right to your Striped Clutch.

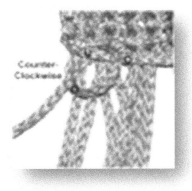

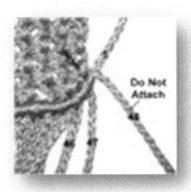

* nicht anhangen

16. Now move cord 48 towards the left, located just below DHH's first section. Connect all the cords 47 to 2 in the same order with clockwise DHH knots. Once you got to the striped area, stop there.

17. End the strings by cutting them down to two inches each. Flip the clutch that is striped, so you are now working with the back. Slide single cord through the loop created under 1 row, which is the row underneath the ASK row. Use tweezers and pliers if needed for this step. This clutch must be lined, hiding the cut corners of the cords. If you do not want to do this, cut the cords a bit more, and add glue to stick them to the inside layer. You should burn (heat) the tips with a fire if using synthetic materials like nylon, to melt the substance at the edges to avoid the fray.

18. Now it is safe to lace the slides up to the clutch. Begin by taking measurement of the clutch down to five inches, starting from the picots. That is the flap of your clutch, so fold it here. Pull down 6 and half inches and again fold it. This will separate the back to the front end. The section with the DHH knots is your front. Grip the bag between your thighs or place it on one corner. There are knots in between the rows of Alternating Square Knot along the sides of the clutch. Line up the knots at the back and front sections so they are in direct to each other. There will be a single knot at the fold in the front and the back. Use two 18 "scrap cord pieces, or two new pieces, to tie the edges. Slip your lacing cord in the end rows of DHH's make sure you are as near to the edge as feasible from the front of the clutch. Now slide it straight across a loop from the back of the clutch.

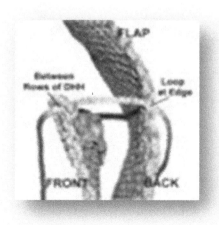

19. Machen Sie ein Kreuz mit den beiden Enden Ihrer Schnürsenkel und führen Sie sie in die Schlaufen des nächsten Sets ein. Führen Sie sie von innen nach außen.

20. Wiederholen Sie den 18. Schritt noch einige Male, wobei Sie die Enden aus anderen Schlaufen umgehen, bis Sie vorne und hinten auf den umgeschlagenen (gefalteten) Bereich treffen. Sobald Sie die Falte erreichen, führen Sie beide Enden aus der ähnlichen Schlaufe zur Innenseite Ihrer gestreiften Clutch. Vergewissern Sie sich, dass die Schnürung fest sitzt, bevor Sie weitermachen.

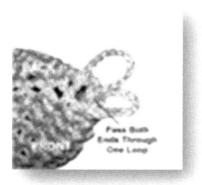

21. Drehen Sie die Clutch um, so dass die Schnürung auf der Außenseite liegt und leichter zu handhaben ist. Machen Sie einen Fassknoten (Extra-Schleife und Überhandknoten), um ihn zu fixieren. Schneiden Sie das überschüssige Material in der Nähe des Knotens ab und geben Sie dann etwas Kleber darauf. Wenn Sie eine Kordel aus synthetischem Material verwenden, können Sie das Material mit dem Feuer schmelzen. Drehen Sie die gestreifte Kupplung von innen nach außen, so dass die

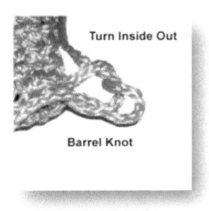

* von innen nach aussen drehen

Kapitel 8: Tischläufer

Alles, was Sie wissen müssen, sind drei wesentliche Knoten, und Sie haben eine charmante Schicht, die zu jeder Jahreszeit funktioniert. Wenn Sie die hier gelernten Knoten kennen, können Sie Ihren Tischläufer auf die Länge Ihres Tisches zuschneiden oder ihn völlig verändern und eine hängende Makramee-Wand kreieren.

Versorgung: -12" Holzdübel -22 Längen Baumwollseil mit 3 mm Stärke -2" mit Dübelaufhängerschere

- Schritt 1:

Bringen Sie an jedem Ende des Dübels Baumwollschnur an und hängen Sie sie an den Türaufhänger. Falten Sie Ihren ersten 16"-Seilstrang in der Hälfte und machen Sie einen Knoten auf Ihrem Dübel. Noch gründlichere Maßnahmen finden Sie in diesem Artikel.

- Schritt 2:

Verwenden Sie denselben Strand, um einen zweiten Knoten an die Grundleine zu knüpfen. Dieser wird als Halbierungsknoten bezeichnet.

- Schritt 3:

Vergewissern Sie sich, dass sie klar und gleichmäßig sind.

- Schritt 4:

Wiederholen Sie den Vorgang von außen mit dem zweiten, dritten und vierten Seil und knüpfen Sie einen weiteren Stechknoten, so dass er fest sitzt, usw. Sie werden langsam die Tendenz erkennen. Es ist ein halber, horizontaler Hitchknoten.

- Schritt 5:

Fahren Sie fort, die aufeinanderfolgenden Seile durch einen einzigen Knoten zu binden. Sie wollen nicht so nah dran sein, dass es an den Rändern in der Ferne ist.

- Schritt 6:

Wieder von rechts, verwenden Sie die vier äußeren Stränge, um einen Knoten etwa 1,5" unterhalb des horizontalen Knotens zu bilden. Weitere Informationen zu einem quadratischen Knoten finden Sie in diesem Makramee-Lagerungsartikel. Lassen Sie die vier (fünf bis acht) Stränge aus und knüpfen Sie dann einen weiteren Knoten aus neun bis zwölf Strängen. Lassen Sie immer wieder vier Stränge aus, bevor Sie die Linie überqueren.

- Schritt 7:

Beginnen Sie wieder auf der rechten Seite, verwenden Sie die vier übersprungenen Stränge (fünf bis acht) und knüpfen Sie einen quadratischen Knoten etwa 3" unterhalb des Dübels.

- Schritt 8:

Binden Sie weiterhin vier Stränge in quadratische Knoten, bis die Reihe beendet ist.

horizontale Knoten. Verwenden Sie dann die folgenden vier Stränge, um einen weiteren 1,5" quadratischen Knoten über dem letzten quadratischen Knoten zu erstellen.

- Schritt 9:

Beginnen Sie wie gezeigt. Mit den letzten beiden Strängen machen Sie nichts mehr.

- Schritt 10:

Gehen Sie von rechts zurück und bilden Sie eine weitere Reihe von horizontalen Halbmaschenknoten, indem Sie die Schritte 3 bis 7 wiederholen.

- Schritt 11:

Von der linken Seite aus verwenden Sie die gleiche Grundseilschnur und erzeugen etwa 2,5" darunter eine Reihe von horizontalen Halbschlagknoten. Sie arbeiten sich dabei von links nach rechts vor.

- Schritt 12:

Beginnen Sie auf der linken Seite und erstellen Sie eine Reihe von Knoten, ohne Fäden auszulassen, die sich etwa 1" unterhalb dieser Knotenreihe befinden. Erstellen Sie stattdessen eine zweite Reihe des quadratischen Knotens, lassen Sie die ersten beiden Fäden auf der linken Seite aus und knüpfen Sie eine ganze Reihe quadratischer Knoten. Dies ist ein sogenannter alternierender Knoten. Sie möchten nicht viel Platz zwischen diesen Reihen haben, damit Sie sie beim Einfügen jedes quadratischen Knotens enger zusammenziehen können.

- Schritt 13:

Fahren Sie fort, bis Sie insgesamt etwa 13 Reihen mit alternierenden Knoten haben. Dieses Segment ist der Kern Ihres Tischläufers, so dass alles andere das darstellt, was oben bereits gewebt wurde.

- Schritt 14:

Fügen Sie einen weiteren horizontalen Halbmaschenknoten von links außen hinzu und arbeiten Sie auf der rechten Seite.

- Schritt 15:

Gehen Sie fast 2,5" nach unten und verwenden Sie dasselbe Grundseil, um einen weiteren horizontalen Halbnadelknoten von rechts nach rechts zu erstellen.

- Schritt 16:

Lassen Sie für dieses Segment zwei äußere Litzen des Seils nach rechts weg und machen Sie mit den Litzen drei bis sechs einen quadratischen Knoten. Überspringen Sie sieben bis zehn Litzen und verwenden Sie 11 bis 14 Litzen, um einen weiteren Knoten zu binden. Wiederholen Sie den Vorgang so, dass Sie alle vier Litzen ausgelassen haben. Auf der linken Seite werden Sie sechs Stränge haben.

Drehen Sie eine und zwei Reihen nach links und binden Sie drei bis sechs Fäden zu einem quadratischen Knoten etwa 1,5" unterhalb dieser letzten Reihe von quadratischen Knoten. Verpassen Sie dann die vier Fäden für die zweite Reihe der quadratischen Knoten und schließen Sie die Sequenz ab. Dadurch haben Sie auf der rechten Seite sechs zusätzliche Fäden.

- Schritt 17:

Messen Sie 11" von der letzten Reihe horizontaler Knoten und binden Sie einen quadratischen Knoten, indem Sie die vier äußeren Stränge nach rechts verwenden. Binden Sie dann die vier in einen quadratischen Knoten etwa 1,5" oberhalb des letzten Knotens.

- Schritt 18: Wiederholen Sie das Ganze.

Achten Sie darauf, wie lang die Enden auf der anderen Seite sind, so lang wie Sie möchten. Schneiden Sie den Baumwollfaden von Ihrem Dübel ab und lösen Sie alle Knoten der Lerche vorsichtig. Dann schneiden Sie den Kopf der Lerche in der Mitte durch und entfernen die Seiten.

Nun sind Sie bereit, einen charmanten Tisch zu decken!

Die Mitte Ihres Esstisches ist der ideale Platz für ein Tafelaufsatz. Legen Sie ihn auf einen Untersetzer, und suchen Sie sich frische Blumen aus, um ihn zu befestigen. Sie können ihn sogar als riesigen Schrank in einer Frühstücksbar verwenden, damit Ihre Küche am besten aussieht! Sie können auch die drei gebräuchlichen Knoten, den Lerchenknoten, den Halbknoten und den Quadratknoten verwenden, um eine Reihe von strukturierten hängenden Wänden zu schaffen!

Brauchen Sie etwas Farbiges? Verwenden Sie diese atemberaubenden 3 mm und 5 mm Custom Macramé farbige Linien.

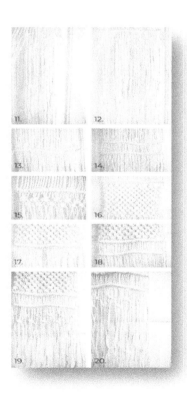

Kapitel 9: Kissenbezug

Jetzt werden wir lernen, wie man dieses schöne DIY-Makramee-Kissen herstellt. Es ist nicht so kompliziert, wie es aussieht - das Schwierigste ist, die langen Schnüre zu schneiden.

Verwendete Knoten:

- Lerchenkopfknoten

- Quadratischer Knoten

- Doppelter halber Stechknoten

Benötigte Materialien:

- Makramee-Kordel

- Nähmaschine/Faden (optional)

- Dübel oder Stock

- Schere

- Kissenbezug und Einlage

- Maßband

Schritt-für-Schritt-Anleitung:

Sie können mit dem Kissenbezug beginnen, den Sie für dieses Kissen haben, oder einen einfachen Kissenbezug für ein beliebiges verfügbares Kissen erstellen. Fertigen Sie ihn noch nicht an - siehe erster

Schritt Nr. 5. In der Abbildung unten ist der Kissenbezug aus Fallstoff gefertigt. Dieser war am Ende genau identisch mit dem Seil, was beeindruckend aussieht.

Wenn Sie jedoch die Makramee-Show sehen wollen, wählen Sie eine andere Farbe für Ihren Kissenbezug.

Der Bezug auf dem Bild ist 20 x 20 Zoll groß, als Referenz. Sie müssen sicherstellen, dass Ihr Macramé-Muster Ihr Kissen bedecken kann - aber wenn nicht. Die beste Nachricht ist, dass es bei Bedarf gedehnt werden kann.

1. 12 Fuß lange Schnur.

2. Binden Sie mit umgekehrten Lerchenkopfknoten alle 16 Schnüre an den Dübel. Sie haben in der vorherigen Anleitung gelernt, wie man einen Lerchenkopfknoten bindet, um den Hut zu bauen.

3. Bei dieser Abdeckung besteht das Muster nur aus Reihen mit abwechselnden quadratischen Knoten. Lassen Sie zwischen den einzelnen Knoten einen kleinen Abstand - etwa einen halben Zentimeter als Referenz. Mit ein wenig Abstand geht das Projekt noch schneller vonstatten. Sie müssen die abwechselnden quadratischen Knoten so lange machen, bis Sie die 20-Zoll-Kante erreicht haben. Messen Sie mit dem Maßband, um zu sehen, wo Sie sind, und machen Sie zwei horizontale Reihen (von links nach rechts, dann von rechts nach links) von doppelten halben Steppknoten, bis Sie den Boden berühren.

4. So, jetzt sind wir mit dem Design fertig, schneiden Sie den Überschuss von der Unterseite ab, aber behalten Sie ein Stück der Fransen - etwa 5 Zoll oder so. Sie können mehr oder weniger übrig lassen, das ist ganz Ihnen überlassen. Sie werden also entweder Ihr Muster von der Stange entfernen oder es einfach abschneiden.

5. Brechen Sie es ab. So kleben Sie das Makramee-Muster auf Ihr Kissen. Bevor Sie es aufnähen - egal, ob Sie einen Bezug selbst machen -, müssen Sie das Design unbedingt an der Vorderseite des Bezugs ausrichten, wobei Sie die Schnittkanten ein wenig überhängen lassen.

Legen Sie den hinteren Teil über den Bezug, und die rechten Seiten des Makramee-Designs liegen einander gegenüber - im Wesentlichen machen Sie ein Sandwich, und das Makramee-Design wird das "Fleisch" genannt.

Steppen Sie nun die obere Kante Ihres Kissenbezugs - auch über die Kordeln! Dann braucht es ein gewisses Maß an Finesse, wie auch immer Sie es anbringen können. Stecken Sie alles fest, um es zusammenzuhalten.

Stecken Sie das Makramee-Muster in Ihr Kissen, um den Rest Ihres Kissenbezugs zu nähen, und nähen Sie die restlichen Nähte wie gewohnt.

Nehmen Sie eine weitere Länge der Macramé-Schnur und machen Sie auf der Rückseite einen einfachen Knoten, um den Rest des Bezugs zu befestigen. Schlaufen Sie diese Schnur aus dem äußeren und inneren der quadratischen Knoten. Dies hilft nicht nur, Ihr Muster zu verteilen. Es soll es aber auch bis zum Boden schützen.

Das war's! Am unteren Rand Ihres Kissens werden die Fransen hängen.

Für einen vorgefertigten Kissenbezug: Sie können eine der Verbindungen öffnen und die Anweisungen oben befolgen oder Sie nehmen einfach das andere Stück Makramee-Kordel und fädeln es um den oberen Rand. Drehen Sie es dann nach hinten. Wie oben erwähnt, können Sie auch die Seiten zusammenbinden.

Oder Sie können es sogar mit der Hand an Ihren Kissenbezug nähen, was Ihrem Sofa oder Sessel sicherlich einen gewissen Pepp verleiht. Allerdings ist das eine Art Neuheitskissen - den Kopf darauf zu legen, ist irgendwie unbequem.

Kapitel 10: Innovative und moderne Möglichkeiten zur Verwendung von Makramee in Ihrem Heimdekor

Makramee Wohndekoration

Jetzt ist es an der Zeit, dass Sie lernen, wie Sie verschiedene Wohndekorationen herstellen können - ganz einfach mit der Kunst des Makramees! Schauen Sie sich diese an und finden Sie heraus, welche Sie selbst herstellen möchten!

Moderne Makramee-Pflanzgefäße zum Aufhängen

Hängende Pflanzgefäße sind wirklich schön, denn sie geben Ihrem Haus oder Garten das Gefühl eines luftigen, natürlichen Raums. Dieses Modell ist perfekt für Eigentumswohnungen oder kleine Apartments - und für solche mit minimalistischen, modernen Themen!

- Pflanzentopf

- 50 ft. Par cord (Fallschirmschnur)

- 16 bis 20 mm Holzperlen

Falten Sie zunächst 4 Stränge der Kordel in der Mitte und legen Sie dann eine Schlaufe, so dass Sie einen Knoten bilden können.

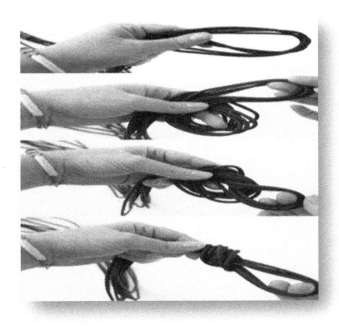

Teilen Sie nun die Kordeln in Zweiergruppen auf und fädeln Sie jeweils 2 Kordeln durch eine der Holzperlen, die Sie zur Hand haben. Fädeln Sie weitere Perlen auf - mindestens 4 auf jedem Satz von 2 gruppierten Kordeln.

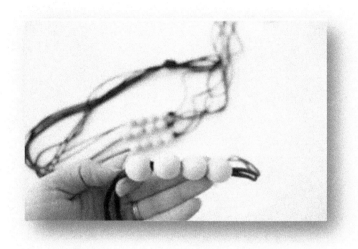

Messen Sie dann alle 27,5 Zentimeter und machen Sie an diesem Punkt einen Knoten, und wiederholen Sie diesen Vorgang für jede Gruppe von Schnüren.

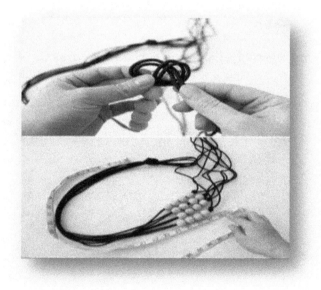

Schauen Sie sich den linken Kordelsatz an und binden Sie ihn an die rechte Schnur. Wiederholen Sie den Vorgang an den vier Sätzen, so dass Sie mindestens 3" von dem Knoten, den Sie zuvor gemacht haben, machen konnten.

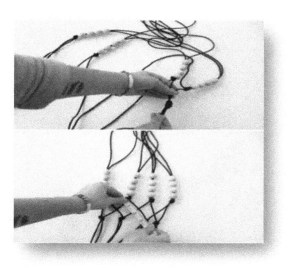

Binden Sie weitere vier Knoten aus dem vorherigen Knoten, den Sie gemacht haben. Machen Sie sie jeweils mindestens 4,5".

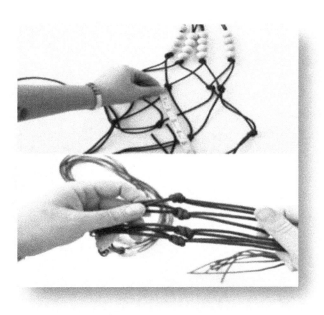

Fassen Sie alle Schnüre zusammen und machen Sie einen Knoten, um das Pflanzgefäß fertigzustellen. Sie erhalten etwas wie das unten gezeigte - und Sie können es mit Ihrem eigenen Pflanzgefäß ergänzen!

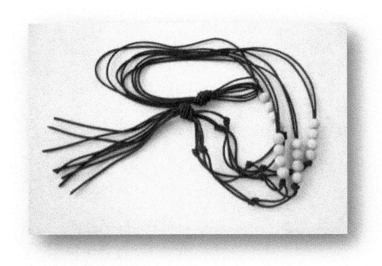

Mini Makramee Pflanzgefäße

Sukkulenten sind heutzutage der letzte Schrei, weil sie einfach so niedlich sind und wirklich dekorativ wirken! Außerdem können Sie eine Menge davon machen und sie im ganzen Haus platzieren - das gibt Ihrer Wohnung definitiv einen einzigartigen Look!

- Kleines Gefäß

- Gartenerde/Erdenmischung

- Sukkulenten/Miniaturpflanzen

- ¼-Zoll-Springring

- 8 Yards Stickgarn oder dünne Kordel

Schneiden Sie 8 Längen der Kordel auf 36 Zoll ab. Vergewissern Sie sich, dass 18 Zoll bereits ausreichen, um genügend halbe Stiche abzudecken. Wenn nicht, können Sie jederzeit mehr hinzufügen. Lassen Sie den Faden in einer Schlaufe über den Ring laufen und binden Sie dann einen Wickelknoten, der alle Kordeln zusammenhalten kann.

Erstellen Sie einen halben Wickelknoten, indem Sie die Hälfte eines quadratischen Knotens binden und diesen mit dem Rest der Kordel mehrmals wiederholen.

Lassen Sie einen Viertelzoll der Kordel nach unten fallen und wiederholen Sie den Schritt zweimal.

Arrangieren Sie Ihr Pflanzgefäß und befestigen Sie es an dem von Ihnen angefertigten Aufhänger.

Nageln Sie ihn an die Wand, und genießen Sie den Anblick Ihres Mini-Pflanzgefäßes!

Erstaunlicher Makramee-Vorhang

Makramee-Vorhänge geben Ihrem Haus das Gefühl des Strandhaus-Looks. Sie müssen nicht einmal irgendwelche Schmuckstücke oder Muscheln hinzufügen - aber Sie können, wenn Sie wollen. Wie auch immer, hier ist ein toller Makramee-Vorhang, den Sie selbst machen können!

Wäscheseil (oder jede Art von Seil/Schnur, die Sie wollen)

- Vorhangstange

- Stecknadeln

- Feuerzeug

- Klebeband

Binden Sie vier Stränge zusammen und sichern Sie die oberen Knoten mit Stecknadeln, damit sie das Gebilde unten halten können.

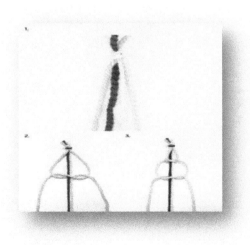

Nehmen Sie den Strang auf der rechten Außenseite und lassen Sie ihn auf die linke Seite übergehen, indem Sie ihn durch die Mitte führen. Ziehen Sie die Strähnen fest zusammen und kehren Sie das, was Sie zuvor getan haben, um.

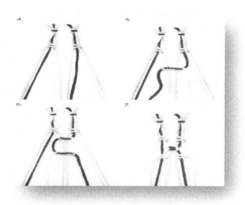

Wiederholen Sie das Überkreuzen des Fadens vier weitere Male für den Faden, den Sie nun vor sich haben. Nehmen Sie den Strang auf der linken Außenseite und lassen Sie ihn durch die Mitte laufen, dann nehmen Sie den rechten und lassen ihn über die linke Seite laufen. Wiederholen Sie dies nach Bedarf und teilen Sie dann die Gruppe der Stränge nach links und auch nach rechts. Wiederholen Sie diesen Vorgang, bis Sie die gewünschte Anzahl von Reihen erreicht haben.

Sie können dies nun auf die Seile anwenden. Sammeln Sie die gewünschte Anzahl von Seilen - 10 bis 14 sind in Ordnung, oder was auch immer für den Stab passt, mit gutem Abstand. Beginnen Sie am oberen Ende des Vorhangs zu knoten, bis Sie die gewünschte Länge erreicht haben. Sie können die Enden anbrennen oder mit Klebeband befestigen, damit sie sich nicht entwirren.

Flechten Sie die Seile zusammen, um ihnen einen verträumten Strandeffekt zu verleihen, so wie Sie es unten sehen.

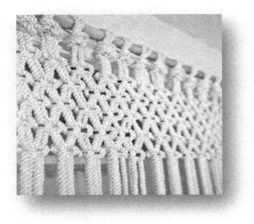

Das war's; Sie können Ihren neuen Vorhang jetzt benutzen!

Makramee Wandkunst

Ein bisschen Makramee an den Wänden macht immer Spaß, denn es belebt den Raum, ohne ihn einzuengen - oder zu überwältigend für Ihren Geschmack zu machen. Es sieht auch schön aus, ohne zu kompliziert zu sein. Unten können Sie es sich ansehen!

- Große Holzperlen

- Acrylfarbe

- Malerband

- Pinsel

- Holzdübel

- 70 Yards Seil

Befestigen Sie den Dübel an einer Wand. Am besten verwenden Sie einfach abnehmbare Haken, damit Sie nicht mehr bohren müssen.

Schneiden Sie das Seil in 14 x 4 Stücke, sowie in 2 x 5 Stücke. Verwenden Sie 5-Meter-Stücke, um den Dübel damit zu stützen. Fahren Sie mit dem Rest des Seils auf diese Weise fort.

Beginnen Sie dann damit, doppelte Halbschlagknoten zu machen und fahren Sie damit fort, wie unten gezeigt.

Wenn Sie am Ende des Dübels angelangt sind, knüpfen Sie die Knoten diagonal, damit sie nicht herunterfallen oder sich irgendwie auflösen. Sie können die Holzperlen auch auf jede beliebige Weise anbringen, so dass Sie die gewünschte Dekoration erhalten. Vergewissern Sie sich, dass Sie die Knoten danach festbinden.

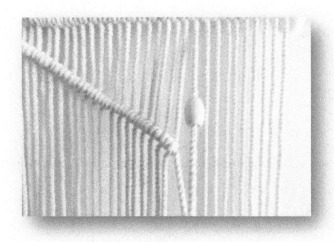

Verwenden Sie vier Seile, um Schaltknoten zu machen und das Dekor umso sicherer zu halten. Knüpfen Sie etwa 8 davon.

Fügen Sie einen doppelten Halbschlag hinzu und binden Sie sie dann noch einmal diagonal.

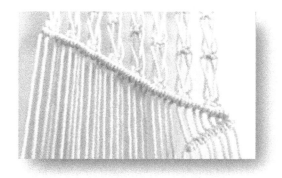

Fügen Sie weitere Perlen hinzu und schneiden Sie dann die Enden des Seils ab.

Wenn Sie das Seil abgeschnitten haben, können Sie es mit etwas Farbe versehen. Sommerliche oder Neonfarben wären gut.

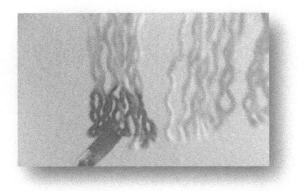

Das war's! Sie haben jetzt Ihre eigene Makramee-Wandkunst!

Hängende Makramee-Vase

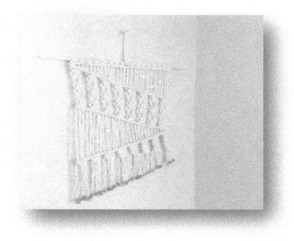

Um Ihrem Haus einen zierlichen, eleganten Touch zu verleihen, könnten Sie eine Makramee-Vase kreieren. Bei dieser Vase müssen Sie Korbstiche und -knoten verwenden, die Sie weiter unten kennenlernen. Diese Vase ist perfekt für alle, die Blumen lieben und sich einen Hauch von Natur ins Haus holen wollen!

- Abdeckband

- Bandmaß oder Lineal

- 30 Meter dicke Nylonschnur

- Kleine runde Vase (mit etwa 20 cm Durchmesser)

Schneiden Sie acht Kordeln mit einer Länge von jeweils 3,5 Yards oder 3,2 Metern ab und legen Sie eine davon beiseite. Schneiden Sie eine Kordel ab, die 31,5 Zoll misst, und legen Sie sie ebenfalls beiseite. Schneiden Sie dann eine Kordel ab, die 55 Zoll misst.

Legen Sie nun acht Kordellängen zusammen - die, die Sie nicht beiseite gelegt haben, natürlich - und markieren Sie die Mitte mit einem Stück Klebeband.

Wickeln Sie die Kordeln, indem Sie sie unten zusammenhalten, und nehmen Sie etwa 80 cm davon, um einen Schwanz zu machen - so wie Sie es unten sehen.

Wickeln Sie die Kordel um den hinteren Teil des langen Abschnitts und achten Sie darauf, dass Ihr Daumen auf dem Schwanz bleibt. Wickeln Sie dann die Kordel um die Hauptkordelgruppe. Achten Sie darauf, dass sie fest sitzt, aber nicht zu fest. Wenn Sie die Schlaufe größer machen können, wäre das auch gut.

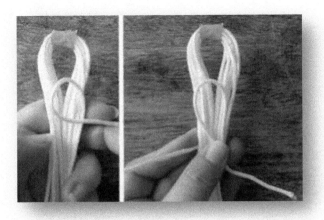

Führen Sie das Ganze noch 13 Mal durch die Schlaufe und ziehen Sie den Schwanz nach unten, damit die Schlaufe weicher werden kann. Hören Sie auf, die Kordeln überlappen zu lassen, indem Sie an ihnen ziehen, wenn es nötig ist, und schneiden Sie dann beide Enden ab, damit sie nicht mehr zu sehen sind.

Teilen Sie die Kordeln in Vierergruppen auf und sichern Sie die Enden mit Klebeband.

Nehmen Sie die Gruppe der Kordeln, die Sie noch nicht verwendet haben, und messen Sie 11,5 Zoll vom Anfang - oder oben - ab. Machen Sie den Überhandknoten und nehmen Sie die Kordel auf der linken Seite. Falten Sie sie über zwei der Kordeln und lassen Sie sie unter die Kordel auf der rechten Seite laufen.

Falten Sie die vierte Kordel und lassen Sie sie unter die linke Kordel und dann über die Schlaufe der ersten Kordel laufen. Achten Sie darauf, sie unter den großen Knoten zu schieben, damit sie wirklich fest sitzt.

Machen Sie weitere halbe Stiche, bis Sie weitere Verdrehungen bilden. Hören Sie auf, wenn Sie sehen, dass Sie etwa 12 davon gemacht haben, und wiederholen Sie den Vorgang dann mit den restlichen Kordeln.

Jetzt ist es an der Zeit, den Korb für die Vase herzustellen. Dazu müssen Sie 9 Zentimeter von Ihrer Kordelgruppe abmessen. Machen Sie einen Überhandknoten und markieren Sie ihn mit Klebeband.

Lassen Sie die beiden Kordelgruppen zusammenkommen, indem Sie sie nebeneinander legen.

Binden Sie die Kordeln fest, aber achten Sie darauf, dass sie flach bleiben. Achten Sie darauf, dass sich die Knoten nicht überlappen, da Sie sonst ein unordentliches Projekt haben, was Sie nicht wollen. Nehmen Sie zwei Kordeln von links als Ausgangspunkt und führen Sie dann die beiden Kordeln auf der rechten Seite über die Oberseite der Schleife. Schlaufen Sie sie unter den unteren Kordeln zusammen und arbeiten Sie sie dann wieder nach oben.

Suchen Sie nun Ihre ursprüngliche Schlaufe und fädeln Sie die gleichen Kordeln dahinter. Dann lassen Sie sie durch die linken Schnüre laufen, indem Sie die Schlaufe noch einmal benutzen.

Lassen Sie den Knoten bewegen, sobald Sie ihn in Position gebracht haben. Er sollte etwa 7,5 cm oder 3 Zoll von den Überhandknoten entfernt sein. Achten Sie danach darauf, dass Sie die Kordeln flach machen und nebeneinander liegen lassen, bis Sie einen festen Knoten oben haben. Teilen Sie weiter und lassen Sie die Kordeln zusammenkommen.

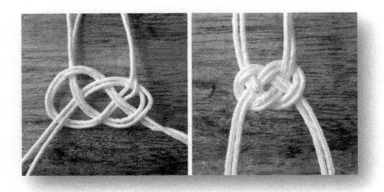

Als nächstes nehmen Sie die Kordel auf der linken Seite und lassen sie über die 2. und 3. Kordel laufen, bevor Sie die vierte Kordel unter die ersten beiden Kordeln falten. Sie sehen dann, dass sich zwischen der 2. und 3. Kordel ein quadratischer Knoten bildet. Wiederholen Sie dann den Vorgang auf der rechten Seite. Öffnen Sie die Kordel auf der rechten Seite und lassen Sie sie unter die linke Kordel laufen. Wiederholen Sie diesen Vorgang dreimal und verbinden Sie dann die entstandenen Viererknoten, indem Sie sie auf einem Tisch auslegen.

Sie sehen dann, dass die Kordeln an der Basis zusammengekommen sind. Nun müssen Sie mit dem Umwickeln der Basis beginnen, indem Sie eine 1,4 Meter lange Kordel wickeln und 18 Mal umwickeln.

Zum Schluss schneiden Sie die Kordeln einfach so ab, wie Sie es möchten. Es ist in Ordnung, wenn sie nicht die gleiche Länge haben, damit es Abwechslung gibt und sie an Ihrer Wand schöner aussehen. Vergewissern Sie sich, dass Sie an jedem Ende einen Überhandknoten machen, bevor Sie die Vase hineinstellen.

Viel Spaß mit Ihrer neuen Hängevase!

Kapitel 11: Pizzaz Fußkettchen

Dieses Muster schien sich wie von selbst zu schreiben, da es ein unkompliziertes, lustiges Stück ist. Durch die Verwendung mehrerer Kordelfarben bleibt es fröhlich und bietet gleichzeitig viele Gestaltungsmöglichkeiten. Für eine einfache Handhabung hat es einen Knopfverschluss. Das Muster ergibt ein 10-Zoll-Fußkettchen... wiederholen Sie einfach das Muster, um es zu vergrößern, aber denken Sie daran, die Kordel etwas länger als angegeben zu schneiden.

Verwendete Knoten: Vertikaler Lerchenkopfknoten, flacher Knoten (auch quadratischer Knoten genannt), doppelter, doppelter halber Stechknoten

Verbrauchsmaterial:

- C-Lon-Kordel, 5 Fuß 6 Zoll, Rose (x1), Mint (x1), Apricot (x1)

- 5 mm Knopfperle (1 x)

- Hellgrüne 11er Saatperlen (x108)

- Rosa Größe 11 Saatgutperlen (x64)

- Hellrosa 6er Saatperlen (x40)

- Klebstoff Beacon 527

Anleitung:

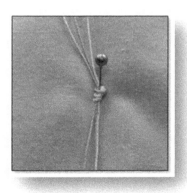

1. Legen Sie alle 3 Kordeln zusammen und suchen Sie die Mitte. Knüpfen Sie am Mittelpunkt einen lockeren Überhandknoten und legen Sie die Kordeln wie gezeigt auf Ihre Projekttafel, wobei die grüne Kordel links und die rosa Kordel rechts liegt:

2. Knüpfen Sie mit der äußersten Kordel auf jeder Seite etwa 10 flache Knoten um die inneren Kordeln. Lösen Sie den Überhandknoten und legen Sie die Flachknoten hufeisenförmig an. Stecken Sie die Enden fest und prüfen Sie, ob Ihre Knopfperle durch die Öffnung passt (eng anliegend). Passen Sie die flachen Knoten nach Bedarf an.

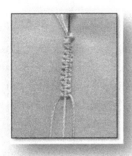 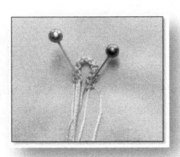

3. Ordnen Sie die Kordeln so an, dass die beiden grünen Kordeln auf der linken Seite, die apricotfarbenen Kordeln in der Mitte und die beiden rosafarbenen Kordeln auf der rechten Seite liegen. Knüpfen Sie mit der äußeren Kordel auf jeder Seite (grün und rosa) einen flachen Knoten.

4. Trennen Sie die Kordeln 2-2-2. Suchen Sie die zweite Kordel von jeder Seite und fädeln Sie 3 hellgrüne Saatperlen der Größe 11 auf.

5. Nehmen Sie die linke apricotfarbene Kordel und binden Sie einen VLH-Knoten auf die Perlenschnur links davon. Ziehen Sie leicht an der apricotfarbenen Kordel, um einen Bogen zu bilden. Nehmen Sie nun die rechte apricotfarbene Kordel und fädeln Sie sie durch den Bogen, dann machen Sie einen VLH-Knoten auf die rechte Perlenschnur. Ziehen Sie leicht an der apricotfarbenen Kordel, um einen Bogen zu bilden.

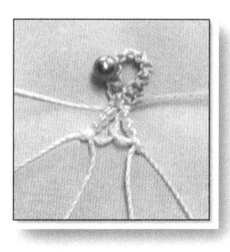

6. Suchen Sie die linke Kordel (grün) und befestigen Sie sie mit einem VLH-Knoten an der grünen Perlenschnur. Ziehen Sie leicht daran, um einen Bogen nach außen zu bilden. Wiederholen Sie den Vorgang mit der rechten Kordel (rosa auf rosa).

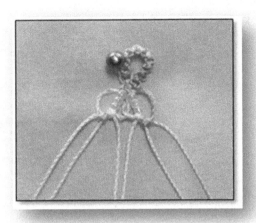

7. Wiederholen Sie die Schritte 4-6 und machen Sie dann auf jeder Seite einen flachen Knoten mit der äußeren Kordel. Hinweis: Wenn die linke grüne Kordel im weiteren Verlauf zu kurz wird, tauschen Sie sie entweder vor oder nach diesem flachen Knoten mit der längeren grünen Kordel neben ihr aus.

 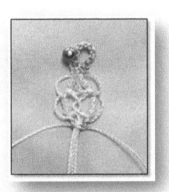

8. Nehmen Sie die linke Kordel und fädeln Sie vier rosafarbene Saatperlen der Größe 11, eine hellrosafarbene Saatperle der Größe 6 und weitere vier rosafarbene Saatperlen der Größe 11 auf und legen Sie sie dann beiseite. Nehmen Sie die rechte Kordel (rosa) und legen Sie sie als Haltekordel (HC) nach links über die anderen 4 Kordeln. Knüpfen Sie von rechts nach links einen diagonalen doppelten Halbschlagknoten (DDHH) darauf.

9. Suchen Sie die rechte Kordel und fädeln Sie darauf drei blassrosa Perlen der Größe 6 auf. Überspringen Sie die nächste Kordel und fädeln Sie auf die nächste Kordel eine blassrosa Perle der Größe 6 auf.

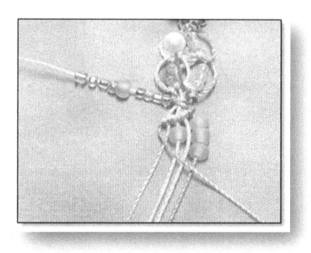

10. Nehmen Sie die HC von links und legen Sie sie nach rechts. Knüpfen Sie DDHH-Knoten von links nach rechts darauf. Nehmen Sie die beiseite gelegte Kordel und verwenden Sie sie zusammen mit der ganz rechten Kordel, um einen flachen Knoten um die anderen Kordeln zu binden. Wiederholen Sie die Schritte 4 bis 10, bis Sie 9 1/2 Zoll erreicht haben. Fädeln Sie mit den mittleren 2 Kordeln 2 oder 4 Kordeln durch die Knopfperle. Verwenden Sie die verbleibenden Kordeln, um einen flachen Knoten um die Perle zu machen. Kleben Sie die Rückseite des flachen Knotens fest und lassen Sie ihn trocknen. Schneiden Sie dann die Kordeln ab und kleben Sie sie noch einmal.

Für dieses Modell habe ich Kordeln in Teal, Blue Lagoon und Amethyst verwendet:

Fazit

Dieses Buch wurde zu Ehren Ihres Geistes geschrieben, um in die Erfahrung von Macramé einzutauchen, obwohl es nicht sehr gefragt ist. Eine winzige Gemeinschaft rund um den Globus praktiziert immer noch Makramee. Die meisten dieser Menschen sind reifer und älter und haben die Kunst des Macramé vielleicht während ihrer Blütezeit in den 70er Jahren gelernt.

Makramee wurde als vielseitiges, potenzielles, trendiges Handwerk angesehen, das andere modische Produkte ergänzen kann, um den Prozess der Produktentwicklung zu erweitern, der sowohl eine Kultur als auch wirtschaftliche Interessen hat. Einige der Annahmen, die getroffen wurden, sind, dass das Makramee-Handwerk ein ganzer Bestandteil unserer traditionellen Künste geworden ist, vor allem unter der Jugend, und immer noch eine zunehmend bemerkenswerte Veränderung erfährt.

Jetzt lebt die Kunst des Makramees wieder auf. Wegen seiner Verwendung in Schmuckstücken, die in der Modeindustrie die Runde gemacht haben. Die gleichen dekorativen Muster sieht man in eleganter Kleidung, Geldbörsen, Mützen und Gürteln.

Macramé ist eine Art, Textilien zu kreieren, bei der Knoten verwendet werden und nicht andere Techniken wie Weben oder Stricken. Ursprünglich wurde Macramé von Seefahrern verwendet, um Gegenstände oder ihre Schiffe zu verzieren, aber heute wird es oft zur Herstellung von Schuhen, Behältern, Laken, Aufhängern für Pflanzen und anderen Dingen wie Wandbehängen für Wände verwendet.

In der viktorianischen Ära war Makramee als Klöppelarbeit bemerkenswert populär und wurde für Dekorationen auf allem verwendet, von Jacken bis zu Unterwäsche, Vorhängen, Ornamenten und Schmuck. In den 70er Jahren erlebte es ein weiteres Comeback, und zwar in Form von Pflanzenhaltern aus Jute und Macramé-Vogel-Wandhängern.

Macramé wurde wieder populär und ist heute in Form von Macramé-Schmuck, Kleidung und Accessoires zu sehen. Wenn Sie das Macramé-Handwerk erlernen oder es schon seit Jahren betreiben, werden Sie viele tolle Informationen finden.

In diesem Buch haben Sie einige gängige Knoten, Muster und Methoden kennengelernt, die in Makramee-Anleitungen für die Erstellung verschiedener Designs oder Muster verwendet werden. Sie haben auch etwas über die verschiedenen Arten von Materialien gelernt, die für Makramee verwendet werden. Es gibt mehrere anerkannte Stoffe, die für Makramee verwendet werden. Dazu gehören Seide, Rayon, Bastfäden, Schuhnähfäden, Baumwollfäden, Jute, Stoffstreifen, Lederstreifen, Schnürsenkel und alle anderen leichten, formbaren, faltbaren und haltbaren und handfesten Stoffe.

Dennoch sind Jute, Seide, Leinen und Baumwolle die am häufigsten verwendeten Stoffe für Macramé, da sie sich leicht binden lassen, in verschiedenen Größen erhältlich sind, gefärbt werden können und leicht verfügbar sind. Auch Leder und Wildleder werden manchmal für Makramee verwendet.

Sie haben auch eine Vielzahl von Knoten und Knotenkombinationen kennengelernt, die beim Makramee verwendet werden, darunter der quadratische Knoten, ein halber Knoten, ein halber Stek und der Lerchenkopfknoten. Sie lernen verschiedene Muster kennen, die je nach den verwendeten Knoten und ob sie einzeln oder in Kombination mit anderen verwendet werden, entstehen können. Einige gewöhnliche Taschen, aber auch die Freundschaftsarmbänder, die viele Kinder herstellen, werden ebenfalls mit Makramee gefertigt.

Dieses Buch bietet eine große Auswahl an Mustern, die von essentiellen Stücken wie dekorativen Ornamenten und Schlüsselanhängern bis zu komplexeren wie Taschen, Schmuck und Pflanzgefäßen reichen. Dieses Buch ist ein hervorragender Leitfaden sowohl für frischgebackene als auch für erfahrene Makramee-Liebhaber. Ich hoffe, Sie haben etwas gelernt.

CPSIA information can be obtained
at www.ICGtesting.com
Printed in the USA
BVHW051354160621
609530BV00006B/502

9 781801 744034